Lasse Los

"Kreadieschen"

Kreative
Wortschöpfungen
entfaltet
in Gedichten

Lasse Los, Jahrgang 1947, Diplompädagoge und Psychologe, Liedermacher und Dichtender, kurzum: Passionierter und mittlerweile pensionierter Mitmensch, beruflich in verschiedenen sozialpädagogischen und psychologisch beratenden Feldern, auch spirituell begleitend, kreativ tätig gewesen, seit über dreißig Jahren seine Lebensweisheiten (ver)dichtend aktiv.

**Den
Sprachleib
warten**

**Dichten
heißt, den
Sprachleib
warten und
in der War-
te - Schleife
Worte fin-
den:**

**Also
warten und
worten.**

Lasse Los

"Kreadieschen"

Kreative Wortschöpfungen entfaltet in Gedichten

*Bibliografische Information der Deutschen Nationalbibliothek:
Die Deutsche Nationalbibliothek verzeichnet diese Publikation in der Deutschen
Nationalbibliografie; detaillierte bibliografische Daten sind im Internet über
http://dnb.dnb.de abrufbar.*

© 2023 Name des Autors/Rechteinhabers: Lasse Los

*Umschlaggestaltung: Lasse Los
Edition LOS Band 26
lasselos@email.de*

*Herstellung und Verlag:
BoD - Books on Demand,
Norderstedt*

ISBN: 978-3-7347-2911-9

Inhalt — Seite

Geleit — 02
Den Sprachleib warten — 02

Vorwort — 12

Prolog — 13
Es mangelt der GEIST — 13

"Kreadieschen" in alphabetischer Reihenfolge — 14
Acht-Achtel-Achtsamkeit — 14
Ameisenemsig — 16
Anerkennungsunrast — 16
Angewi¡dert — 17
Archephon — 17
Aufklaerung — 18
Augenglück — 19
Auswurfzeichen — 19
Autistenwärts — 20
Axeln — 20
Begatterich — 21
Bemüherfron — 21
Beschwichtigungsbeschwörung — 22
Beseelsorgung — 22
Besserwisserwahn — 23
BISsHERr — 23
Bewertungsentwerter — 24
Blendungshaft — 24
Blumenweise — 25
Bonsaiglauben — 25
Burn-In — 26
Christeln — 26
DAnk sein — 27
Deutefolien — 28
Dienern — 29
Dogmalaria - Wortbild — 30
Doppelspuriggleisstabil — 32
Dualitätenfron — 32
DU-Kraft — 33
Durchlösung — 33
Egoknick — 35

Egoma(h)nsinn	35
Ego-Sound-Moloch	36
Ego-STAR	36
Egoteriker	37
Ehebruchpilot	37
Ehefluchtenjoch	38
Ehe-Patt$_{zig}$	38
Einbilderung	39
Eisig-Einsam	39
Entfeindung	40
Entgegenkommen	40
Entgegnern	41
Ent-TÄUSCHUNG	41
ERLÄUTERUNG	42
Eventduell	42
Eyes-Zeit	43
Fassadentäuschungslist	43
Feuerzeugtaufe	44
Floskelbrei	45
Floskelflor	45
Fluchtlochfuntasien	46
Fratzenstuck	46
Freundeln	47
Freundlichkeitsausdünstung	48
Frischlustanwandlung	48
FUN-Tyrann	49
Geachte$_l$t	49
Geblicke	50
Gegengierstabil	51
Geglaube	52
$_G$EHE$_{GE}$BEBEN	56
$_G$EHE$_{GE}$LEBEN	57
Gelächelfratze - Wortbild	58
gemEINSAM	58
ge MINUSt	59
Gescheitert	59
Geschiebeliebe	60
Geschlechter-Krampf	61
Gesichtsurteil	61
Gewahrensoffenbarung	62

Gieraffen	63
Gierverschlossen	63
Glanzgier	64
Glanzverblendung	65
Glaubensgluckig	65
Glaubenshaube	66
Glaubenssatzbrisanz	67
Glaubensvielfruchttorte	68
Glaubenswunde	68
Gleichnisdurchwaltet	69
Gleichnisrecht	70
Gleichniszersetzung	70
Glücksinfarkt	71
Good-Will-Event	73
Grastislava	73
Grollenteisung	75
Groll-in-Moll	75
Gutwetterhahn	76
Hallelujamief	76
Heimwehe	77
Herrschaftswaise	78
Hormonium	78
Humanabrieb	79
Humanevolutiv - Wortbild	80
Illusionslos	81
In-Schach-Halte-Ethik	81
Jammerpatt	82
Jetztseits	82
Jetztseitsklang	84
Jetztseitszipfel	84
Jetztwärts	85
Jet$_{zt}$zeitalter?	85
Kahlfraß-Wohlstands-Wucherwahn	86
Kernungsreisen	86
Klerikahliker - Wortbild	87
Klerikahlschlag	87
Ko(h)liath	88
KRANKEnHÄUSER	89
Krebskrankheitsgewinn?	90
Krebspendel	90

Kreuzplusgeheimnis - WB	91
KU_EMMER_LICH	92
Läuterungsgeläute	92
LEBENs-Aufwinde	93
Leistungsgötzendämmerung	93
Lethargievernetzung	94
Lobdudelei	94
Lös^{ch}ung	95
Mangeltopf	95
Mankomar	96
MEINUNGSSTREIT	96
Minusschneise	97
Minuswaise	97
Mösewichteln	98
Muttivation	98
Narr-im-NUN	99
Nützlichkeitenpatriot?	99
Nöti^{gun}g	100
Oberflächlerin	100
Ohne-Wenn-Und-Aber-Heil	101
Pferdeweisheit	101
Parmasanides	102
Partnerschaft	103
Pfleglingsehe	104
Pluendern	104
Plusfluss	105
Plusgestalt	105
Plusgestaltverstellt	108
Pluskuss	108
Postmodernd	109
PräsENTAGON	110
Präsentalität	110
Präsentosophia	113
*Präsentosoph*in - Wortbild*	114
Präsent(-)sein	116
Präsident-sein	118
Protestantagonismus	118
Quasselität	119
Rallyegion	119
Religionsverdreht	119

Resignieren	120
Rettungslosgierig	120
Richtungseinzigartigkeit	120
Rückgratmatt	121
Sargbar	121
Schmutz	122
Schonungssucht	122
SchulzugeHÖRIGKEIT	123
Schützophren	123
SchwACHwACH	123
Schwergesichtig	124
Schwersinn	124
Sehnend	125
SELBST-Gericht	126
Selbstverwürglichung	128
Sicherungsverbiss	128
Sichtenscharte	129
Sichtensiegel	129
Sichtenverschlammer	130
Sichtverzicht	130
Sichtweiden	131
Sinnverweigerer	131
Sorgenentsorgung	132
Sorgensoggezeiten	132
Sorgien - WB	133
Spur-ART	133
Spurjoch	134
Stillgewacht	134
Stuetzen	135
Swingagogik	135
Tadellob	136
Thematicker	136
Todespartiturenplan	136
Todeswegpartitur	137
Traufinfarkt	137
Toleranzig	138
Tropfentrotzig	138
Trottbankrott	139
Überweltigt	139
Überfreundlichkeitenbann	140

Uhr-Verbundenheit	140
Umkehrblick	141
Umkehrblitz	141
Umkehrertrag	142
Umkehrglück	142
Umkehrkrise	143
Umklärblick	143
UMWANDLUNG	144
Unabwendbar!?	144
Unheilsgeil?	145
Unlustflüchtig	146
Unmitte$_i$lbares	146
Ursprüngling	146
UR-EIGENE ENTBINDUNG	147
Verbesserungsdrill	147
Verbo$_r$gen	148
Vergegnungsqual	148
Verkumpelung	149
Ver-Magd-et	149
$_{VER}$PAT$_Z$T	150
Ver$_{sc}$h^{r}oben	150
Verschwendung	151
Verstummungssteif	151
VERWANDLUNG	152
VERWENDBARKEIT	152
VERWESENS$_{ENTLICH}$UNG	153
Verwunderung	153
Verzichtgewinn	154
Vorwurfsdank	154
Wahlgeschwisterschaft	155
Wahn-Weh	157
Wahrheitsklammern	157
Wahrheitspfunde	158
Wankelmythisch	158
Wehement	159
Weissen	159
Welltikelness	159
Widerfahrnisriffe	160
Windauswringer?	160
Wirkedrill	161

Wohlstandwucherwahn	161
Wortbewirtung - WB	162
Worteschwer_t_	162
Wortspülerei	163
Worumschlüssel	163
Würglichkeit	164
Zahnwehgebrumm - Wortbild	164
Zeitvertrieb	164
Zirkelweisheit	165
Zuwendungsabwehr	165
Zweiteilig	166
Zwo-Drei-Achtel-Welt	166

Epilog   **168**
Verheilandete Antworten   168

Bisher in der Reihe Edition LOS erschienen   **170**

Auswahl aus meinem Youtube-Kanal   **177**
"WISDOM FOR FUTURE"
Music-Textivals, Musik-Text-Collagen, Lieder zur Lage, Hörproben von Gedichtbänden in Auszügen mit QR-Code für Youtube-Uploads

Seid ihr noch zu retten? - Music-Textival   177

Umkehr-Kur(s) - Music-Textival"   177

Bevor es zu spät ist! - Lieder zur Lage   177

EIS-Zeit - EYES-Zeit - eYES-Zeit - Gedichte   177

Gesine Wagner: "Im Feuer ist mein Leben verbrannt!"   178
Musikalische Besinnung

Martin Gray: "Der Schrei nach Leben"   178
Musik-Text-Collage

In allen Farben singen - Music-Textival   178

Als ich das bess`re Leben suchte, ...da träumte mir von GOtt! - Music-Textival   178

Zurück ins Glück - Wege aus dem Glücksinfarkt   179
Music-Textival

Befreiter leben! - Music-Textival   179

Im Staunen bin ich frei gesetzt - Gedichte   179

Den Umkehr-Blick wagen - Gedichte   179

Vorwort

In meinem
jahrzehntelangen
Ausloten von Sprache
und ihren schöpferischen
Möglichkeiten sind mir
ab und zu einfache Wort-
kre~at~i~o~nen "zu-
geflogen". Ich habe
ver~sucht, diese
"Kre-a-dies-chen"
in Gedichten
zu entfalten.
Hier präsen-
tiere ich
die mir
wich-
tigsten.
Angeord-
net habe ich
sie alphabetisch.
Sie können aber
Dank des Inhalts-
verzeichnisses je
nach Inter-
esse

in Aus-
wahl oder in
unterschiedlicher
Reihenfolge gelesen
und "gekostet"
werden.

Prolog

Es mangelt der GEIST

Ich bin
vielleicht ein kleines Licht,
doch werde ich mich trotzdem nicht
verstecken hinter den Er-stark-ten,
die sich im Grellen nur vermarkten.

Ich lass` es leuchten, wie ich`s kann
und schreib` mich immer wieder ran
an all` das Un~mit~tel~ba~re
im Grunde doch nicht
Mitteilbare.

Ich
scheitere dabei zumeist!
Doch werde ich nicht resignieren!
Denn weiter mangelt mich der GEIST!

Ich werd` auch zukünftig probieren,
was kaum zu sagen ist, zu sagen
in den mir noch verbleibenden
Lebenstagen.

Acht-Achtel-Achtsamkeit

Acht-Achtel-Achtsamkeit

Reduziert und gut dressiert,
lebt im Zwo-Drei-Achtel-Mass
der modern(d)e Zeitgenosse.
Den Acht-Achtel-Mitmenschen,
der ihm zeigt, wie unachtsam
er sein Leben doch verlebt,
den verachtet und
betrachtet er als
umnachtet.

Doch
nur
jener
kann ihn
lehren, was
das L e b e n
wir/k/t/lich rundet:
Achtsamkeit für alle Achtel!

Aechtungsgeiler
Ge-Achtel-
ter

Ach Du, Du
von allen geachteter
Zwo-Drei-Achtel-Mensch!

Wenn Du NUN jenes achtsame
Acht- Achtel- Menschsein findest
und es beachtest in Deinem Leben,
es Dich entbindet von aller Achtelung
und es Dich rundet, acht-achtel-wärts,
wirst Du schon bald geächtet werden
von den - ach so - achtbaren und
achtungsgeilen Geachtelten.

Auszug aus der Zwo-Drei-Achtel-Welt

Wenn Unruhe sich in Dir rührt,
weil Dich die Zwo-Drei-Achtel-Welt
mit dem, was sie für wichtig hält,
nicht mehr in ihren Bann verführt
...
Wenn alle Achtel Dir erwachen
im ur-gesunden Wesens-Rund,
Dir U r -Lebendiges entfachen
für den Acht-Achtel-Lebensbund
...
Wenn Dir der Glaube an das Zwo-
Drei-Achtel bricht und Du verlässt
den Zwo-Drei-Achtel-Menschen-Zoo
und baust Dir ein Acht-Achtel-Nest
...
Wenn Du Acht-Achtel-Menschen triffst,
...

```
? ? ? ? ? ? ? ? ?   ? ? ? ? ? ? ? ? ?
 ? ? ? ? ? ? ?   *   ? ? ? ? ? ? ?
  ? ? ? ? ?   * * *   ? ? ? ? ?
  ? ? ? ? ?    *     ? ? ? ? ?
   ! ! ! !    *    ! ! ! !
     ! ! !         ! ! !
      ! !         ! !
             !
```

Ein Achtel Überheblichkeit

Wenn des Kreises Achtel glaubt, es sei schon der ganze Kreis,
hält es alles für erlaubt, fordert ein den höchsten Preis,
den der Kreis nur fordern darf als der
Ur-Gesunde Runde.

Und es reagiert sehr scharf, tönt aus manch` beruf`nem Munde,
was es ist: Ein Achtel nur auf der eigenen Achtel-Spur im
geachteten Verbunde.

Und es kämpft in Selbstverschattung für den überhöhten Anspruch
bis zur völligen Ermattung und dem
endgültigen Abbruch.

Ameisenemsig

**A-
mei-
sen-em-sig**

A-mei-sen-em-sig ist immer der Mensch,
gönnt sich jedoch der Ameisen Auszeiten nicht
als
Heil-
schlaf im
Winter.

Anerkennungsunrast

**Konsu-
mistisches
Leichtgewicht**
Oder:
Anerkennungsunrast

Sie meint, sie müsse viel mehr Welt beäugen,
um sich noch mehr mit Leben an~zu~füllen.
Und dieses ihren Mitmenschen bezeugen,
damit die sie in Anerkennung hüllen.

Was ist das für
ein krankhaftes Verlangen,
das sie in Anerkennungsunrast treibt?
Worin bloß ist sie derart gefangen,
dass sie sich konsumistisch
aufreibt?

Die
Fülle,
die sie findet,
ist nur Schrott in
ihrem erlangten Trottbankrott.

Angewi¹dert

Angewi¹dert

Witwen seid Ihr, und kein Freiwild!
Trauer braucht geraume Zeit und
in ihr ein Abwehrschild
wider alle Eiligkeit.
Erst der UR-Klang
aus dem I N B I L D
heilt Euch die Zerrissenheit.
Und erst dann seid Ihr gestillt
und zu N e u e m-S e i n bereit.
Was Euch nun noch blühen kann
als Auferstehung vor dem Tode
ist vielleicht ein neuer Mann.

*(Für alle Witwen, die vor dem Ende
ihrer Trauerzeit von Männern
bedrängt und umstrickt
werden!)*

Archephon

Und einen Augenblick entlang

Und
plötzlich hör`
ich einen Klang!
Und einen Augenblick ent-
lang BIN - ICH - DER - KLANG,
dann Lauschender, dann Übers(t)ehen-
wollender. Und schon hab` ich den
Klang benannt. Schon ist er nicht
mehr unbekannt. Schon bin ich
wi(e)der neu getrennt von DEM,
was SICH als Klang bekennt.
Und bin erneut in Sicherheit
vor DEM, was mir die Uhrenzeit
durchlöchert, mich in ihr entthront,
in dem ES - MICH - MIT - SICH ver-
tont.

Archephon

Was kann mich retten, wenn ich mich
so rettungslos verloren fühle?
An welcher Stätte werde ich
befreit von der entseelten Kühle?

„Du bist es selbst!" ertönt der Spruch,
„der sich verschanzt im Todesraum.
Dort träumst Du Deinen Ego-Traum,
willst DIR entfliehen ohne Bruch.
Was Dich noch retten kann, ist schon
in Deinem Ursprung mitgegeben:

Für immer unzerteilt zu leben
in Resonanz zum Archephon
der tönernen Zerbrechlichkeit,
durchtönt in Deiner Lebenszeit."

Aufklaerung

Aufklaerung

In der Aufklaerung
leuchtet die Vernunft
die Dinge aus.

In
der Aufklarung
leuchten im Gewahren
die Dinge auf.

(ausführlich entfaltet in "Lasse Los: Kurz und
wendig - Aphorismen und Kurzgedichte"
BoD Norderstedt 2020)

Augenglück

Gelöstes Schleierquiz

Ein jeder Mensch hat SEIN-Geheimnis,
das ihn in seinem W E S E N krönt.
Es thront oft hinter`m Schleierquiz,
bis es sich lichtet und ertönt.

Der Lichtton lässt die Welt erstaunen.
Die Freude bebt! Im Augenglück
erstrahlt ein ur-alt-neues Raunen,
singt seinen Tanz dem Ohrenblick.

Ein jeder Mensch IST ein Geheimnis,
im Tiefengrund stets frisch verschöhnt.
Er thront oft hinter`m Schleierquiz,
bis er sich lichtet und ertönt.

Auswurfzeichen

Auswurfzeichen

Große Menschen-Welt-Entwürfe
werfen Fragen auf und ab.
Was ist ihnen vorzuwerfen?

Entwirf` uns Deine Vorwürfe
gegen allzu vorschnelle,
absolute Welt-Entwürfe.

Zeig` uns die Verwerfungen
konkret verwürglichter Entwürfe
der EINEN-WELT, in denen wir
nur noch der Auswurf selber sind.

Große Menschen-Welt-Entwürfe
werfen Fragen auf und ab.
Was ist ihnen vorzuwerfen?
Wie sollen wir uns gegenschärfen?

Achten wir auf ihre Auswurfzeichen!

Autistenwärts

Autistenwärts

**Tech-
nisch hoch-
gerüstet und
digitalisiert
streben wir
autisten-
wärts.
Und
sollten
uns doch
einleben,**

**jetzt-
seits, ins
Authenti-
sche.**

Axeln

Axeln

Wer nur
um seinen Axel kreist,
verwirbelt sich in Überdrehtes.
Auch wenn er sich oft glücklich preist,
sein Glück ist flüchtig
Schnell vergeht
es!
Und
er verliert
den Stand in sich, um
stets erneut sich aufzurichten.
Sein Axeln hält ihn auf dem Strich,
der quer liegt zu der liebesschlichten
innigen Intimität in frei gewagtem Liebes-
weben mit der ur-eigenen Qualität,
anstatt nach Quantität zu streben,
wie im Sich-Axelnden-Verleben.

Begatterich

**Klage
einer Ehefrau
mittleren Alters**

Meines Gatten
Begatter-ich
hat einen
matten
Tatter-
ich!

Bemüherfron

Bemüht verblüht!

Sich stetig bemüht,
bloß nicht zu verblühen!
Und wegen all` der Mühen
vor der Zeit verblüht!

**Vom
Nicht-Bemühen
beim SELBST- Erblühen**

Du wirst vergeblich Dich bemühen
wie eine Blume zu erblühen,
wenn Du noch ohne Knospen bist!
Dies ist Dein hausgemachter Zwist.

Doch wenn Dir dann die Knospen sprießen,
wird es Dir trotzdem nicht gelingen,
sie selbstbemüht zum Blühen zu bringen.
Das Unverfügbare lässt grüßen!

Erblühen geschieht, wenn es geschieht!
Lass ab von dem hybriden Krampf,
Dein SELBST-Erblühen im Lebenskampf
zu sichern. Sing` mit das Lied
vom Nicht-Bemühen
beim SELBST - Erblühen.

Beschwichtigungsbeschwörung

**Ach,
mir reicht es!
So nicht mehr!**

In der fauligen Gewohnheit
will ich jetztseits nicht mehr wohnen!
Viel zu lang schon währt die Schonzeit,
der Versuch, uns weg zu schonen!

Wegzuschauen in der Störung!
Und wenn`s sein muss:
Zwangszuhören,
voreilig uns zu betören
mit Beschwichtigungsbeschwörung!

Mich mahnt eines Traumes Botschaft:
„Ach, mir reicht es so nicht mehr!"
und verschärft, was mir die Not schafft:
„Ach, mir reicht es! So nicht mehr!"

Beseelsorgung

Er besee**lsorgt es Dir!**

Und
wenn er
sein hochnäsiges
arrogant herablassendes
Wohlwollen Dir zelebriert
und
nicht merkt,
wie es Dich schnürt,
wenn er derart Dich verneint
und das noch als Wohltat meint,
ist das die von ihm gepriesene,
auf eine Lob stets angewiesene
Weise, wie er für Dich sorgt,
wenn er Dein Problem sich borgt,
um es zu be-seel-sor-gen.

Besserwisserwahn

Besserwisserwahn

Der Besserwisser klammert sich
an jene, die er gern belehrt,
die er im Besserwisserwahn
als zu Belehrende begehrt.

Kaum jemand aber lässt sich klammern
und besserwisserisch be(l)ehren.
Was bleibt dem Besserwisser? Jammern,
und sich den Mensch zu verwehren,

in seinem Besserwisserwahn
sich gegen alle Welt zu wenden
und einsam in noch heftigerer
Besserwisserei zu enden.

BISsHERr

Abschied nehmen vom Bissherr

*„Ach, nimm Abschied vom Bisher,
stimm` Dich ein auf Deine Umkehr."*
lautet stets der leise Ruf,
der schon manch` ein Leben umschuf.

Abschied nehmen vom Bisher
fällt uns Menschen meistens schwer.
Deshalb ignorieren wir
oft den Ruf im Jetzt-und-Hier.

Bis uns manch` ein Leiden einbricht
und uns nötigt zum Verzicht
auf das bissherrige
Streben.

Bewertungsentwerter

Bewertungsentwerter

All` Deine voreiligen
egozentrischen Bewertungen
im Bewertungsentwerter
durch Gewahren entwerten.

Blendungshaft

Befreiung aus der Blendungshaft

Wer sich von Äußerem blenden lässt,
den hält die Außenblendung fest.
Er stiftet ihr den Ehrenkranz und
suhlt sich in dem Blendungsglanz.

Wird ihm das Äußere transparent
für das, was in ihm immanent
sich eingewebt in das Event
als nun im Äußeren präsent,

gewahrt er den Zusammenhang
und wertet im Zusammenklang,
wofür das Ganze wirklich steht
und worum es sich bei ihm dreht.

Und leuchtet es ihm jählings ein
und lichtet sich der Augenschein,
befreit es aus der Blendungshaft,
die doch nur weitere Blendung schafft.

Blumenweise

Blumenweise

Was mit der Blume durch sie spricht:
„Ganz einfach sein und blühen!"
springt mir ins wartende Gedicht,
ganz ohne mein Bemühen.

Und ich bin da und staune nur,
wie sich die Dinge fügen.
Es atmet mich ur-eigner Schwur,
zu lassen, nicht zu siegen.

Und ich gewahre mich vereint
mit meinem eigenen Blühen.
Und bin mir nicht mehr spinnefeind,
ganz ohne mein Bemühen.

Bonsaiglauben

Bonsai-Glauben

Mal
gelingt es und mal nicht,
das zu leben, was ich schaue.
Trotz manch` aufrichtender Einsicht
richte Ich mich aus, vertraue häufig
nur dem eigenen Glauben.

Und ich richte mich dort ein,
lasse mich erneut entlauben,
unterwerfe mich dem Schein,
wie ein Baum mich zu erheben
und dabei zum Bonsai nur zu streben.

Burn-In

Burn-In oder Burn-Out?

Mein Leben ist nicht dazu da,
dass es mir stetig besser geht.
Such` ich nur solches zu
erstreben, werd`
ich mich dem
Burn-Out
ergeben.

Vielmehr bin
ich doch dazu da,
dass es den mit mir Lebenden
und meiner Mitwelt wohl ergeht.

Geb` ich mich dieser Haltung hin,
die mir im Ganzen besser steht,
erleb` ich mit ihr mein Burn-In
und darin meinen Lebenssinn!

Christeln

Christeln

Die
meisten
Christen,
die ich kenne,
sind keine Christen!
Sie christeln nur auf jener
Justus - Krustus - Spur
der Kirchlich-Selbst-
geraechten!

(ausführlich entfaltet in: "Lasse Los - R-Ausgeflogen"
Ein bunter Abgesang auf meinen Kreuzweg in
und und aus der real existierenden Kirche
BoD Norderstedt 2016)

Christen-Krustig

Christen-
Krustiges Gekrache!
Kampf-Gekreisch im Kirchenghetto!
Und man meint, was man entfache,
lohne sich doch für die Sache!
Was bleibt unterm Strich
als Netto? Weiter
schrumpft das
Kirchen-
Ghet-
to!

DAnk sein

ICH BIN DANK

Im Danken
werde ich präsent:
Ich tanke mein Präsentsein.
Ich danke ab im Gegenwind,
entsage mich dem falschen Schein.
Im Danken werde ich präsent.
Es lichten sich die Nebelschwaden.
Und ich erblick` den Lebensschaden
in allem egohaften Trend.
Im
Danken bricht
mir die Verblendung.
Die **WIRKLICHKEIT
IST**
ein
PRÄSENT!
Sie schenkt sich uns, wenn auch dezent,
in überquellender Verschwendung.
Im Danken werd` ich ein Präsent:
Ich tanke das Präsentsein und
werde nunmehr transparent
für den präsenten
Lichtschein.

Deutefolien

Deutefolientranszendent?

Eine
Deutefolie nur,
die sie von-
einander
trennt:

Jeder folgt der eigenen Spur,
bis er sich auf ihr verrennt
und die Karte hinterfragt,
die ihn bis hierher
geführt.

Wird ein
Neu-Anfang gewa(a)gt,
der nicht nur auf Karten stiert,
Deutefolien nicht vertauscht mit der
GANZEN WIRKLICHKEIT,
sondern dieser achtsam lauscht,
bis sie sich in Leid und Streit
offenbart als ein Präsent
in dem Weltexperiment.

Deutefolienüberprüfung

Warte nicht,
bis Deine Deutefolien brechen.

Prüfe sie schon jetzt, ob sie noch halten,
was sie Dir so alles versprechen.

*(ausführlich entfaltet in "Lasse Los: Kurz und
wendig - Aphorismen und Kurzgedichte"
BoD Norderstedt 2020)*

Dienern

Entweder wir dienen oder wir dienern!

Ent-
weder sind
wir
Diener des Plusgestaltigen
oder Sklaven des Minus-
hal-
tigen!
Entweder
wir dienen
oder wir dienern!

Gutgemeinte Minusweisen

Du hängst noch völlig fest in den Extremen!
Die bändigende Mitte ist verwaist!
Du willst nur geben, geben und nichts nehmen!
Was ist es bloß, das Dich so sehr zerreißt?
Ist es nicht Hochmut, nur Gebender zu sein?

Du bist kein Gott! Du brauchst uns nicht erlösen!
Der Opfer-Mythos treibt Dich in die Pein.
Halt an, hol` Luft und schau, wie Du dem Bösen
verfällst, wenn Du Dich weiter - dienernd - knechtest.

Erlaubt ist nicht, die Plusgestalt zu spalten!
Denn sie hilft Dir, Dich aufrecht zu erhalten,
damit Du Dich nicht weiterhin entrechtest,
Dich nicht mehr opferst für gute Minusweisen,
die Dich im Gutgemeinten doch nur vereisen.

Welch` ein Unterschied!

Kennst
Du schon den
Unterschied zwischen
einer dienenden Königin
und einer königlichen Dienerin?
Die Eine dient dem vollen Leben,
die Andere dienert nur in ihm.
Die Eine lebt ganz hingegeben,
die Andere hat sich dem ergeben.
Die Eine wird in Leidbedrängnis
vor allem aufpoliert - und reift.
Die Andere wird in solch` Beengnis
nur abge_trieben - und versteift.
Die Eine geht in Allem auf,
die Andere in ihm unter.
Die Eine-Frage stellt sich Dir:
Wie lebst Du selber jetzt und hier?

Dogmalaria

Dogmalaria

Die Geisteskrankheit der Religioten
bezeichne ich als Dog-ma-la-ri-a.
Noch hat sie auf dem Globus satte Quoten.
Doch heilt sie langsam aus von Jahr zu Jahr.

Sie nistet gerne auch bei Ideologen,
am liebsten unerkannt im Geistesgrund.
So viele hat sie in den Wahn gezogen,
in geistig getrübten Klarsichtschwund.

Wir müssen diese Krankheit kurieren
bei allen, die von ihr befallen sind.
Wir müssen sie befreiend inspirieren,
damit sie nicht in ihnen Neues spinnt
und sie in ihrem Denken weiter driften
und sich ihr Leben weiterhin vergiften.

Dogmalaria

als

Klerikalaschnikow

(ausführlich entfaltet in "Lasse Los: Den Umkehrblick wagen"
Wortbilder und Gedichte - Bod Norderstedt 2016)

Doppelspuriggleisstabil

Gleisstabile Doppelspur

Wohl
überlegt
ist manche
Lehre, von dem,
was Welt und Mensch
und Mensch zusammen hält,
doch gleichzeitig schon überlebt,
wenn sie nicht mit aus Herzen webt,
vielmehr nur am Verstande klebt,
die Ratio auf den Thron erhebt.

Doch wer nur Herz zum Kaiser kürt,
ohne Verstand, ist auch verführt:
Ja, er erlebt im Leben sich daneben.
Denn beides nur, Herz und Verstand,
ist gleisstabile Doppelspur und
schenkt das Band zum Leben.

Dualitätenfron

**In
Duali-
täten-Fron**

In der Leere eingefaltet
ist die Fülle ungestaltet.
Springt in Ma-ni-fest-a^{k}t-ion
DAS, was als die Leere waltet,
wird die Fülle jäh entfaltet
in Dualitäten-Fron,
mit dem Raum-Zeiten-Ton
in Kreuz-Plus-Formen gestaltet.

DU-Kraft

**Ins
ab-
wärtig
Belanglose**

Ich interessier`
mich nur für DICH
nicht aber für Das-Deinige.
Kontaminierst Du mich damit,
zerlangweilt es mich Schritt für Schritt,
den Du Dir zu zergehen erlaubst
ins abwärtig Belanglose
und mir so meine
DU-Kraft raubst.

Durchlösung

**Durchlöst
vom Ursprung her**

Du bist doch schon durchlöst,
jetztseits, vom Ursprung her!
Warum willst Du Dir bloß
Durchlösung selbst erringen?

Dich ubend hart verdingen,
Dich in die Mangel zwingen,
Dich vielem zu entwringen,
um zu ihr durch-zu-drin-gen.

Und so dem zu entspringen,
von dem all`die Durchlösten
im Miteinander-Schwingen

in der Begegnung singen,
alltägliches Gelingen uns
so entgegen bringen.

Durchlösung

Durchlösung
lässt sich nicht erlangen!
Versuchst Du es, bist Du gefangen
im Wah-ne des Er-grei-fen-den.
Sie legt sich nur in leere Hände,
in offene, empfangsbereite
des wartend Reifenden.

D-u-r-c-h-l-ö-s-t !

Durchlebt!
Durchliebt!
Durchlitten!
Durch-
löst!

Durch-
lösende Ver-
treibung falsch ver-
bundener Einverleibung

Du hast in mir ein seltenes Sehnen
geweckt nach einem anderen Leben.
Es räkelt sich ein neues Dehnen
in mir, ein wundersames Beben
erschüttert mich in Intervallen.
Fremdartig vertraute Klänge
locken mich heraus, erschal-
len mir auf meinem Weg,
Gesänge aus den Obertönen
laden ein zum Mitsingen,
lassen mir die Seele klingen,
wollen mich verwöhnen.
Jetztseits
soll ich Dich gewahren,
Deine Gegenwart erfahren
als durchlösende Vertreibung
falsch verbundener Einverleibung.

Egoknick

Forteilen mit den Vorteilen

Im Ego-Blick die Intention:
Sofort, sofort nur forteilen mit den
ureigenen Vorteilen in jeder Situation!

Und niemals in ihr nur verweilen,
um sie als Ganze zu gewahren
in ihrer Widersprüchlichkeit.

Denn darin lauern die Gefahren,
zu schauen, wem man sich geweiht:
Dem eil - fertigen **E g o - K n i c k**.

Er kann nur wirbelnd um sich kreisen.
Hält man ihn an, wird er verwaisen
und sterben dann im Umkehrblick.

Für ihn, da gibt es ein Zurück
in das verblickte Ego - Glück
nur durch den Griff zu jenen Hebeln,
die Umkehr schleunigst zu vernebeln.

Egoma(h)nsinn

Ego-ma(h)n-Sinn

Verkümmert bist Du aufgewachsen,
verwöhnt und viel zu sehr beachtet!
Jetzt kreist Du um die eignen Achsen
wie einer, der schon fast umnachtet!

Hör` auf, nur noch um Dich zu kreisen,
die Kugellager laufen heiß!
Du wiederholst gelernte Weisen!
So endest Du im Selbst-Verschleiß!

Halt` an! Lass Dir die Wunden heilen,
die Deine Sippe Dir geschlagen.
Befreie Dich von alten Kragen,
von eingravierten falschen Zeilen,
die Dich ins Egomane trieben,
und Dir das Leben-mit-uns zerrieben.

Ego-Sound-Moloch

Ego-Sound-Moloch

Der Sound, der stets in mir erklingt,
von tief betrübt bis lebensfroh,
ist jener, der mich oft bezwingt
zum Urteilenden So-und-So.

Besungen leb` ich unterm Joch
als Spielball meiner Eigentönung.
Bezwungen von dem Soundmoloch,
misslingt mir meine SELBST-Versöhnung.

Doch
lausche ich
den Klängen nur
und lass` mich nicht ergreifen,
bin ich schon jetzt auf meiner Spur:
Sie werden mich nur streifen.

Ego-STAR

Ego-STAR

Erblindet für die Tiefensicht,
verblöden sie als Leichtgewicht,
entblößen sich mit Seichtgesicht,
entblöden sich im Geistverzicht,
sind nur auf Nichtiges erpicht
und leiden an der Seelen-
gicht.

Ach, die
verlorene Tiefenschicht,
die aus der Tiefe sich einflicht
und stets den Ego-Irrweg anficht,
erreicht sie doch nicht. Wegen Sicht-
verletzung stehen sie vor Gericht,
das sie auf ihrem Irrweg schlicht
von aller Ego-Irrung freispricht,
den Egostar nun schmerzhaft sticht,
und so die Selbstverblendung bricht.

Egoteriker

Egoteriker

Ein geistig ver(w)irrter Neurotiker,
der sich in seiner Not nun noch
auch unter`m Esoterikjoch
erging als E-go-te-ri-ker,
las jenen Satz von Augustin:
*"Ach, liebe und tue einfach,
was Du willst!"* Zitierte ihn
in seinem Sinn: „*Tue einfach,
was Du willst!*" Und war
davon zutiefst ergriffen
und merkte nicht, wie er ihn sich
nach seiner Art zurecht geschliffen.
Dann tat er nur noch, was er wollte,
so wie er es schon oft getan.
Bis keiner ihm mehr Achtung zollte,
er allen grollte in seinem Wahn,
da er nicht wollte, was er sollte,
was andernfalls ihn überrollte:
Liebe und tue was Du willst!

Ehebruchpilot

Mösewicht

Er ist als arger Mösewicht
ein herber Ehe-Bruch-Pilot.
So mancher Mann hielt Standgericht
und wünschte ihm den Hodentod.
Denn manches müde E-he-Patt,
das setzte er mit sich schachmatt.
Er trieb mit seinem Zauberstab
das matte Patt ins Ehegrab.
Als geiler Ehe-Bruch-Pilot
ließ er die Frauen bald zurück
in ihrer selbst-ge-frei-ten Not.
Und suchte sich ein neues Glück
bei hochfrustrierten Ehefrauen,
die sich in die Affäre trauen.

Ehefluchtenjoch

Ehe-Fluchten-Joch

Um ihrem Manne zu entfliehen
und doch nicht bei ihm auszuziehen,
greift sie zum stets bewährten Trick,
zieht ins Soziale sich zurück.

Sie engagiert sich voll Elan
auf dieser ehefreien Bahn.
Und nötigt gar den Mann dazu!
Beschäftigt gibt er endlich Ruh`!

Am Ende erntet sie auch noch
in diesem Ehe - Fluchten - Joch
das Bundeskreuz am gold`nen Band
für die Verdienste um ihr Land.

Ehe - Patt$_{zig}$

Ehe - Patt$_{zig}$

Ihre schlaffe Hängebrust
spricht von ihrem stummen Frust
durch die Störung im Getriebe
ihrer e-he-li-chen Lie-be.

Ach, ihr schlaffer Hängebusen
schreit nach neu erwecktem
Schmusen und nach intensivem Akt,
nicht nur im Drei-Monats-Takt.

Ihre schlaffe, müde Brust
trauert um so manche Lust,
die sie nicht genossen hat
jahrelang im Ehe-Patt.

*(ausführlich entfaltet in "Lasse Los: Im Gehege
einer EHE - Paar-Wahr-iationen" - Gedichte
BoD Norderstedt 2023)*

Einbilderung

Einbilderung

Wen
man mit
Verklärung ziert,
der wird meist verfälscht
tradiert, wird geschliffen,
eingebildert, erdenthoben abgemildert,
in Begriffen abgeklärt, im begehrten Bild verehrt,
vom Ur-Eignen teils entleert, darf er nur noch
weiterleben im sich sichernden
Bestreben
seiner eigenen
Tradierer, die ihn
nur gewinnen lassen
als begnadeten Verlierer,
als ersehnten Wegbereiter,
als verschnittenen Begleiter
ins verwandte Paradies.

Eisig-Einsam

Eisig-Eisern

Verlebst Dein Leben in eisigen Ringen,
die man Dir einst um den Brustraum gelegt.
Du lebst es eisern, gestutzt in den Schwingen,
der Ringzwinger wird von Dir noch gepflegt.

Verlebst Dein Leben in eisigen Ringen
und hast es mit Wohl~wol~len akzeptiert,
dass sie Dir zumindest den Schutz erzwingen
vor dem, was die Welt so im Schilde führt.

Verlebst Dein Leben in eisigen Ringen,
von ihnen normiert, reduziert und verführt,
Dich nicht zu befreien aus alternden Schlingen,
Dein ureigenes Lebenslied uns nicht zu singen,
das Dich doch in Deinem WESENskern kürt.

Verlebst Dein Leben in eisigen Ringen!
Wann wird es im Ringbruch Dir endlich gelingen,
Dein Opfer den Ringen nicht mehr zu erbringen,
dem Aufbruch ins Ringfreie Dich zu verdingen,
zum Aufgang ins „Ring-frei" geweihte Leben?

Entfeindung

**Dich
abfinden oder
neu einfinden?**

Was willst Du?
Dich abfinden
im Feuer der
Anfeindung
oder Dich
neu ein-
finden bei
der Feier der
Ent~Feindung?

Entgegenkommen

Entgegenkommen

Denn dem,
der mir entgegen kommt,
kann ich nur dann entkommen,
wenn ich nicht vor ihm flüchte
und mich auch nicht verflüchtige
im floskelhaften Dran-Vorbei.
Dem kann ich nur entkommen,
in dem ich ihm entgegen gehe,
in Herzensspiegeln
ihn erspähe.
So
werde ich
wohl ungenommen
an ihm vorüber kommen
und uns bereichert seh`n.

Entgegnern

Sei doch nicht nur normal!

Sei doch nicht nur normal!
Und streichele die Seelen
der Gegner und
Deiner
Feinde auch
in Deiner Fantasie,
so dass der Hass sich Dir
entzieht und ihre Bilder in Dir
sich freundlicher gebärden.
Denn nur so werden Dir
jene Kräfte auch geboren,
in denen Du gegoren,
verwandelt wirst,
dem Gegner
und dem Feinde
durchlöster zu begegnen,
um so vielleicht die Gegner-
schaft ein wenig zu entfeinden
und auch so manche Feind-
schaft um Grade zu entgegnern.

Ent-TÄUSCHUNG

Ent-TÄUSCHUNG

Oh, welch ein Glück, dass Du mich so enttäuscht hast!
Ich hätte sonst den Täuschungen noch lange geglaubt
und mir in meiner selbstbejahten Blendung erlaubt,
Dich weiter zu hofieren wie einen teuren Gast.

Du hast mir diesen Täuschungsstar in Deiner Art gestochen.
Im Trennungsschmerz ernüchtert, hab ich es bald durchschaut.
Obwohl es mir noch manches Mal vor der Enttäuschung graut:
Du hast nur Das-Mich-Täuschende, jedoch nicht mich gebrochen!

Ent-täuscht zu sein bedeutet ja, die Täuschung ist durchleuchtet:
Die angemaßte Prachtgestalt ist doch nur Projektion! Auch wenn
mir dieses manchmal noch im Schmerz die Augen feuchtet:
Ich leb` jetzt freier nach dem Bruch dieser Illusion!

ERLÄUTERUNG

ERLÄUTERUNG

Wer nur
Erläuterungen sucht,
bleibt letztlich blind und auf der
Flucht und will nicht sehend werden.
Nach vielen Mühen quälen ihn
doch nur die gleichen Rätsel.

Nur wer
in Läuterung sich findet,
dem lichtet sich die Blindheit auf,
all` das erläutert sich von selbst
und stillt den nimmer satten
Hunger nach Erläuterung.

Doch
Läuterung
ist Fegefeuer, ist
Kreuzigung und Sterben
und dann erst Auferstehung.
Wer kann schon von sich sagen,
dass er dies ehrlich will, es
sei denn als Erläuterung.

Eventduell

Eventduell

Eventuell
entscheid` ich mich
im herrschenden Eventduell
für jenes stillende Event
der Stille,
ent-
gegen
allem Mode-Trend
zum Grellen-Schrillen-Lauten.

*(ausführlich entfaltet in "Lasse Los - Stillende Stille
Gedichte und Wortbilder - BoD Norderstedt 2020)*

Eyes-Zeit

Eyes-Zeit

eyes-zeit
augenzeit eis-zeit
the show must go on
eyes-zeit - the schau must go in
eyes-ige zeiten brechen an
eisige zeiten brechen ein
eye-gentum verpflichtet
eye-gentlich erheblich
ur-eye-gene ver-eye-sung
ver-eye-nt euch in der eis-zeit
vereint euch in der e-yes-zeit

(ausführlich entfaltet in "Lasse Los: EIS-Zeit - EYES-Zeit - eYES-Zeit" Gedichte - BoD Norderstedt 2020)

Fassadentäuschungslist

Fassadentäuschungslist

Nein! Du brauchst Dich nicht zu ändern!
Du kannst bleiben, wie Du bist!
Eingehüllt in den Gewändern
der Fassadentäuschungslist.

Du kannst leben, wie Du`s magst
in den Dir gesetzten Grenzen!
Ganz egal, was Du auch wagst:
Du trägst stets die Konsequenzen!

Drum halt inne zum Gewahren:
Aller Konsequenzen Qual
wird meist später erst erfahren
nach der längst getilgten Wahl.

Nun! Du brauchst Dich nicht zu ändern
lebst Du weiterhin im Zwist
MIT-DEM-LEBEN-WIE-ES-IST,
eingelullt von den Verschwendern
der Fassadentäuschungslist.

Feuerzeugtaufe

Feuerzeugtaufe

Der Pfarrer will die Christmette
liturgisch prickelnder gestalten.
Er sucht das Licht von Bethlehem,
als Feuer dort entzündet,
zu erhalten.

Nach vielerlei Bemühungen
und zusätzlicher Arbeitszeit
des Küsters, ist es nun gelungen:
Das Licht von Bethlehem,
es steht bereit!

Der Küster hält es für 'nen Gag,
für kirch~ge~mäs~sen Werbetrick.
Ein weihnachtlicher Feel~ings-Kick
als nüchtern kalkulierter
Werbezweck.

Weil er als freier Protestant von
solchem Fir-le-fanz zum Fescht
nichts hält, so hat er kurzerhand das
Kerzenlicht aus Bethlehem gelöscht.
Und hat es neu, im Hier-und-Jetzt,
mit seinem Feuerzeug entzündet,
hat seine Dienstpflicht so verletzt.

Es wär` in Abmahnung gemündet,
hätt` irgendwer, der ihn nicht
schätzt, es mitbekommen,
ihn verpetzt.
Doch
hab` nur ich,
der ihm verbunden,
es miterlebt, mich amüsiert,
wie er das Ganze noch gekürt:
Ein neuer Name war gefunden
für`s Feuerzeug, crème de la crème:
„Das ewige Licht von Bethlehem!"

(Für alle echten protestantischen Küster)

Floskelbrei

Perlen im Floskelbrei

Und wieder quillt manch` Münderkot
aus wundgewetzten
Mäulern.

Und widert mich und Dich und alle
Aufmerksamen
an.

Und fiedert sich mit Wohlgekautem und
längst Verdautem unsagbar
biederlich.

Und doch, manchmal,
ein jäher
Riss!

So
nebenbei zerbricht
der mundgerechte Floskelbrei
und es durchschimmert ihn ein Glanz
von Perlen vor den Säuen.

Floskelflor

Liebe machen?

Ihr vergebliches Bemühen,
Liebe krampfhaft zu entfachen,
lässt die Liebe nicht erblühen.
Liebe kann man nicht machen!

Ratlos lassen sie sich stehen,
sind sich fremder als zuvor,
überspielen das Geschehen
mit erprobtem Flos~kel~flor.

Und so schützen sie erneut sich
vor dem, was nicht gelungen
und was sie sogleich bereu`n,
als es wieder falsch geklungen.

Fluchtlochfuntasien

Flucht-Loch-FUNtasien

Es ist der Elefantin Joch:
Sie passt nicht in ein Mauseloch!
Ach, weil sie keine Mäusin ist!
Und so in manchem Lebenszwist
sich lochwärts nicht verkriechen kann.

Als Elefantin steht`s ihr an,
sich ihrem Leben(s)stolz zu stellen,
ihr Mäuse-Selbstbild aufzuhellen,
das Elefantinnen-Joch zu wählen,
sich zukünftig nicht mehr zu quälen
mit

Fratzenstuck

Er-
setzt sich selbst

Er setzt sich unter Überdruck,

ersetzt sich selbst und bläht sich auf,

verschwindet hinter`m Fratzenstuck

und wirkt sich aus im Weltverlauf

bis er sich ausgewürgt.

(Be)Staunen

Du möchtest alle überragen,
und alle sollen Dich bestaunen!
Doch durch die Menge geht ein Raunen!

Du gehst Dir selber an den Kragen, weil
Du die Menschen schlicht missachtest,
die Du ganz öffentlich hofierst
und so Dich selber demontierst,
Dir Dein Ureigenes umnachtest.

Der Außen- und der Innen-Druck,
sie müssen beide für Dich steigen,
sonst wirst Du Dein Gesicht nicht zeigen.

Es schlummert hinter`m Fratzenstuck!
Erst wenn die Fratze Dir entfällt,
ein Staunen uns in Atem hält!

Freundeln

Freundeln

Du bist häufig zu mir freundlich,
arg bemüht und zu gewollt.
Es wirkt meist auf mich befremdlich
und die Antwort in mir grollt.

Trotzdem stelle ich mich freundlich,
denn Du meinst es ja so gut.
Und ich bleibe auf der Hut.
Beides wirkt auf mich befremdlich.

Wann zerbricht uns solch` ein Freundeln
und kippt um ins freie Feindeln,
ohne Filter, nackt und pur,
als ein Einstand neuer Tour
in ein freund~lich~er~es Leben?

Freundlichkeitsaus-dünstung

Freundlich-keitsausdünstung

Er dünstet aus in Freundlichkeit,
die vorgibt, alle Welt zu streicheln.
Doch stinkt schon bald, nach kurzer Zeit,
sein unverbrämtes Einschmeicheln.

Frischlustanwandlung

Frisch-Lust-Anwandlung

Früher, als ich sie oft sah,
hatte ich, das ist doch klar,
eine Frisch-Lust-Anwandlung
mit dem Antrieb zur Handlung.

Doch ich blieb auf Distanz und
beruhigte meinen S C H W A N Z,
ließ mich nicht von ihm treiben,
mich ihr lustvoll zu verschreiben.

Heute bin ich froh gestimmt,
denke ich an den Verzicht,
weil er mehr gibt als er nimmt,
schau` ich ihr ins Angesicht.

FUN-Tyrann

Der FUN-Tyrann

Der
denkbar
mächtigste Tyrann,
der Dich mit Wucht in seiner Bann
wohl immer wieder schlagen kann,
der bist Du selbst, suchst Du nur Fun
als Deines Lebens Haupt-Gewinn
und nicht auch ab und zu `mal Sinn.
Denn der nur schenkt Dir Neube-
ginn und Deinen originellen Ton,
dazu noch gratis jenen Lohn,
den Du bisher vergeblich Dir
mit Spaß, mehr Spaß
versuchtest zu
erringen.

Geachte₁t

Geachte₁t

Ich

fühle

mich geachtelt,

weil von Dir nicht beachtet

und so auch

nicht

geachtet.

Geblicke

Dem All sich **täglich** an**vertraun**

Um-
nachtet vom
alltäglichen Geblicke
ahnt er noch
nicht des
Tages Licht,
das ihm die Star-
Verschattung sticht,
damit er endlich sich erquicke
an dem, was seine Augen schau`n,
wenn sie alltäglich neu vertrau`n
dem All im Täglichen.

**In ihrem Blick
ein Abwehr-
sound**

In
ihrem Blick
ein Abwehrsound
bedrohlich mir entgegen raunt.
*„Glaub` nicht, Du wirst von mir geschätzt!
Die Freundlichkeit ist aufgesetzt!"*

Darüber bin ich nicht erstaunt,
denn sie lebt unruhig und gehetzt.
Die Seele hat man ihr verletzt.

Ich bleibe trotzdem gut gelaunt.
Und halte mich im Hier-und-Jetzt!
Zeig` ihr, sie wird von mir geschätzt.

Erweiche ihren Ab-wehr-sound,
bis ihre Abwehr sich zersetzt und
sie erfreut, wenn auch erstaunt,
hinüber surft ins Gutgelaunt.

Unantastbar, doch antestbar

Halt einmal Dein zersteinerndes
Geblicke an. Und wieder schau
viel sanfter hin, nicht so genau.

Gewahre den verborgenen Sinn.
Er west im Unfixierbaren
inwendig an.

Auch wenn er unantastbar ist,
der Sinn, und nicht zu greifen,
so ist er gleichwohl antestbar,
in ihm, da kannst Du reifen
zu allem Sinnerfahren.

Gegengierstabil

Auf gegengierstabiler Spur

Die Präsente
unseres Wohlstands
reichen nie für die Menschheit,
um sie allen, erdenweit, hinzureichen.
Denn das Ende allen Wohlstands und
des Überlebens würden wir erreichen:
Alles Leben würde weichen!
Dagegen nur hilft jene Kur:
Präsent(-)sein und prä-
sentisch leben auf
gegengierstabiler
Spur des Immer-
Pur-Im-Jetzt-
Und-Hier An-
wesendseins.
Es reicht uns
dann für alle gleich:
Egal ob arm, egal ob reich,
ob Frau, ob Mann, ob jung, ob alt:
Präsent(-)sein reicht für alle gleichermaßen!

Geglaube

Muffiges Geglaube

Die meisten religiösen Bilder,
die Ihr Euch an den Himmel malt,
sind doch für Euch nur Abwehrschilder,
mit denen Ihr Euch-Selbst verschalt.

Sie dienen Euch als Sicherheit
in allen transzendenten Fragen.
Mit ihnen seid Ihr wehrbereit,
die Ungesicherten zu jagen.

Denn die sind Euer größter Feind!
Sie lassen sich von Eurem Glauben
nicht ihre Of~fen~hei~ten rauben.

Und ihre Zahl wird, wie es scheint,
wohl immer größer in den Zeiten,
die sich für uns jetzt vorbereiten.

Geglaube-Knecht

Wenn
man zwar
an den Christus glaubt,
doch dem Geglaubten
nicht
erlaubt,
sich als solcher zu entfalten,
sich ihm vielmehr zu enthalten,
um den Glauben nur zu nutzen,
gläubig fromm sich aufzuputzen,
ist man ein Geglaube-Knecht.
Qualitätsurteil:
Nicht echt!

Glaubenssuche

Gegen
Eure Heilsversprechen
werden Menschen resistent,
lassen sich nicht mehr bestechen,
leben einfach abstinent. Ignorieren
Euer Werben für verstaubtes Nur-
Geglaube, wollen es nicht mehr
ererben unter Eurer
Kirchenhaube.

Wer den GLAUBEN sucht, will spüren,
wie ihn ALL-PRÄSENZ durchdringt
und ihm Liebeslieder singt,
wartet vor geheimen Türen:
Bis sie ihm sich öffnen werden
und ein sanftes All-Erbarmen
ihn umfängt mit allen Armen,
und mit liebenden Gebärden
ihn befreit von den Beschwerden
des nur Klerikahl - Erlaubten,
Kirchlich - Christlich - Angeglaubten.

GLAUBEN oder Geglaube?

Sie glauben an Gott
und binden ihn fest
und fesseln sich
an das Geglaube.

Und wundern sich,
dass es sie nicht befreit und
versöhnt, sie vielmehr im Streit
über Gott und den Glauben ent-
zweit. Und werden wohl warten,
bis sie allem Geglaube entraten.

Vollwert-Geistlich

Auf
Halleluja-Magerquark,
den uns die Kirchen noch gewähren,
verzichten wir, er ist zu karg,
im Vollwert-Geist uns
zu ernähren.

Die
schmale
Kost der Kirchenzunft,
gewürzt mit alterndem Geglaube,
ist schal und unterliegt in Zukunft
als bald verwehte Spur
im Staube.

Sicherheit und Gewissheit

Sie sind sich zum Verwechseln ähnlich!
Doch wohnen sie im jeweils and`ren
Schwerpunkt der Ellipse,
die Sicherheit und
die Gewissheit.

Und wehe,
wenn Du sie verwechselst!
Dann sicherst Du Dich ab und grenzt Dich ein,
wo nur Gewissheit, grenzenlos,
Dich tragen kann.

Und gleichzeitig
versicherst Du Dich des
artig-einzigartigen Geglaubes,
dort, wo nur GLAUBEN weiterhilft,
ein rahmenfrei entsichertes Vertrauen.

Und wenn Geglaube stirbt

Wenn ich Euch jetzt erlaube,
zu gehen, seid Ihr verloren,
stöhnt sterbendes Geglaube
und stinkt aus allen Poren.

Es will durch sein Gestöhne
mit seiner Angst anstecken
und Euer Mitleid wecken
und die Kritik vermindern
und Eure Abkehr hindern.

Meint immer noch,
es sei ja doch als
höchstes auserkoren und
sterbend feuert es auf Euch
sein letztes Wortgefetze los aus
schon gekrümmten Rohren.

Nun frage ich Euch bloß:
Wer ist denn hier verloren?

Und wer fest glaubt!

Und wer fest glaubt, der glaubt sich meistens fest.
Bis dann das Leben sein Geglaube sprengt,
und dieses ihm zerspringt, zersplittert,
und er versinkt verbittert und
ertrinkt in Hoffnungs-
losigkeit.

Bis er, durchgart,
ein ungeahntes Sein gewahrt,
das ihm, der sich schon aufgebahrt
geglaubt, ein anderes LEBEN offenbart.

(ausführlich entfaltet in "Lasse Los: Der GEIST wehrt sich, wo er will! oder: Den Frommen entkommen oder: Angewidert abgewandt" - Gedichte - BoD Noderstedt 2017)

gEHEgeBEBEN

gEHEgeBEBEN

Sie war`n
selten nur bereit,
sich auch hinzugeben.
Und so kam es mit der Zeit
zu dem Ehebeben.

Und in ihnen zitterte
andressierte Schmach,
bis sie jäh zersplitterte,
tau-send-fach zer-brach.

Und gebrochen witterten
sie in ihrer Gruft
sich als die Verbitterten
in der Ahnenkluft.

Und aus dem Entgitterten
strömte Lebensduft,
frische Mor~gen~luft,
in der erneut sie flitterten.

₲EHE₲ₑLEBEN

₲EHE₲ₑLEBEN

Er hat sie
für sich reduziert
auf seine Haushälterin.

Damit hat sie sich arrangiert
und lebt so bei ihm
weiterhin.

Doch wo bleibt sie als Ehefrau
in diesem tristen Ehegrau,
in dem sie, ehe sie als Frau,
sich selbst lebt im Gehege-Bau
schon resigniert und dieses flaue
Dasein akzeptiert, den Stau
des Ungel(i)ebten ignoriert
und so ein Eheleben führt,
das der normalen Pflicht
entspricht?

*(ausführlich entfaltet in "Lasse Los: Im Gehege
einer EHE - Paar-Wahr-iationen" - Gedichte
BoD Norderstedt 2023)*

Gelächelfratze

gemEINSAM

Normale Ehe

Nicht

allein, aber

meistens doch

gemeinsam

einsam.

*(ausführlich entfaltet in "Lasse Los: Kurz und
wendig - Aphorismen und Kurzgedichte"
BoD Norderstedt 2020)*

ge MINUS t

geMINUSt

Wird
das Minus
nicht geminust
durch das Kreuz des Plus,
herrscht
schon bald
ein hartes Muss
und zersplittert
alle Welt.

Gescheitert

Gescheitert

Seufzer eines
müden geplagten
Abendländers im Anblick
der sich langsam und stetig
nähernden ökologischen Katastrophe:
„*So gescheit - und doch gescheitert!*"

Erstaunter Ausruf eines verarmten Morgenländers
beim Anblick des müden geplagten Abendländers:
„*Der ist nicht ganz gescheit, der im Scheitern
nicht gescheit wird!*"

Geschiebeliebe

Liebestrübe Triebesliebe

Sie reden alle von der Liebe
und meinen nur im Lustgetriebe
die liebestrüben Triebesschübe.
Doch das ist nur Geschiebe-Liebe!

Es tönt jetzt leiser

Es tönt
jetzt leiser,
was einst schrill!
Und im Getriebe ist es still!
Es jagen ihn nicht mehr die Triebe
bewusstlos zur Geschiebeliebe!

Es geht um ...

So
vieles ist nur
Schall und Rauch
im menschlichen Getriebe.

Drum
lausch` dem Herzen, nicht dem
Bauch mit allem, was ihn noch umgibt.
Es geht nicht um Geschiebe-Liebe.
Es geht auch nicht nur um:
Verliebt!

Es dreht auf aller Lebenstour
und manch` durchlitte-
ner Heilungs-Kur
sich einzig nur
um Liebe!

Geschlechter-Krampf

Geschlechter-Krampf

Er aufrüstet sich
in die All-Gewalt seiner Büste!
Und sie brüstet sich
mit der Prall-Gestalt ihrer Brüste!

*(ausführlich entfaltet in "Lasse Los: Kurz und wendig - Aphorismen und Kurzgedichte"
BoD Norderstedt 2020)*

Gesichtsurteil

Gesichtsurteil

Als ein
nichtiger Wicht
mit gewichtigem Gesicht
spielt er immer gern den Herrn,
will nur auf den Gleisen kreisen,
die ihm als die seinen scheinen.
Er tönt meist in lauten trauten,
selten nur in leisen Weisen,
kann in vollen Zügen rügen
und in dieser Art ent-arten.
Kann sehr gut die Echten achten!

Denn als nichtiger Wicht
ahnt er <> Wichtiges <> nicht,
spielt auch weiterhin den Herrn
mit gewichtigem Gesicht
und bleibt doch
seinem Joch
treu als
nich-
tiges
Licht.

Gewahrensoffenbarung

Gewahrensoffenbarung

Wer sein Hirn sich selbst verdreht
und verschließt vor dem Geheimen,
wer sich selbst nur zugesteht,
sich die Welt zurecht zu reimen
nach den messbaren Daten
ohne Rücksicht auf Erfahrung,
wird - so abgeschirmt - entraten
der Gewahrungsoffenbarung.

Im Gewahren in der Stille
löst sich auf, was geistig bannt.
Es zerfällt die Sichtenbrille
und so manche Nebelwand.
Und es lichtet sich die EINSICHT
in das Leben, WIE ES IST,
wenn das Ungenannte einbricht
in den zerebralen Zwist:

Selbst das Hirn sich zu verdrehen,
zu verschließen dem Geheimen,
selbst(s)ich darin zu vergehen,
sich die Welt zurecht zu reimen
nach den messbaren Daten
ohne Rücksicht auf Erfahrung
solcher EINSICHT im Entraten
der Gewahrungsoffenbarung.

Wer sein Hirn sich selbst verdreht,
sich probiert am Geheimen,
wer sich selbst daran vergeht,
dieses sich zurecht zu reimen
mit den religiösen Paten
und es preist als Offenbarung
ohne Rücksicht auf Erfahrung,
wird - so eingefärbt - entraten
jener EINSICHT, dieser klaren,
in Gewahrungsoffenbarung.

(ausführlich entfaltet in "Lasse Los: Es winken noch ganz andere Weiten - oder: Befreiendes GEWAHRSEIN im alltäglichen Gewahrsam" Gedichte-Wortbilder Lieder - BoD Norderstedt 2022)

Gieraffen

Gieraffen

Denn sind
wir nicht, im Gleichnis,
wie Giraffen, nur das der Hals
uns länger wird vor Überheblichkeit,
der Kopf uns explodiert vor lauter Daten?

Und wir versinken in der Gier
nach dem globalen Kahlfraß und
nach Verlöschen im Vergnüglichen.

Was, wenn die Welt zerfressen ist,
enteignet ihrer nährenden,
gewährenden Verläßlichkeit?

Von Daten lässt sich schwerlich überleben!
Darum, kehrt um, Ihr menschlichen Gieraffen!
Schrumpft Euch gesund ins Men~schen~maß
der in uns angelegten Kreuz-Plus-Gestalt!
Und einigt Euch, die Welt in ihrer weiteren
Entwicklung humaner mitzuschaffen!

Gierverschlossen

Ausgang aus dem Gierverschlossenen

Willst Du vom Leben alles haben,
so wird es sich Dir präsentieren
in seinen vielfältigen Gaben:
Du wirst in Habgier Dich verlieren!

Und bist Du in der Sucht gelandet
im al-les-fres-sen-den Verlangen,
ist Dir Dein Leben schon gestrandet:
Du bist im eigenen Patt gefangen!

Die Haftentlassung ist Dir schon bewilligt.
Es liegt nun an Dir, die angebotene offene
Tür zu wählen als den Weg zum Thron
des Lebens im präsenten Sein,
geschützt vor allem Glitzerschein
des gierverschlossenen Lebens.

Glanzgier

Glanz-Gier

In Deiner Gier nach Glänzen-Wollen,
im Wettstreit mit den Glanz-
verblendern, kannst Du
DIR-SELBST
Respekt
nicht
zol-
len,
ver-
lebst
Dich
nur an
Deinen
Rändern.
Das Leuchtende
in Deinem WESEN suchst
Du mit Macht in Schach zu halten.
Im Inn`ren lässt Du es verwesen.
Es soll sich außen nicht entfalten.
Wann bricht dies` ungesunde Treiben
zusammen, welche Krankheit muss
Dich heimsuchen im Lebensfluss
und Wahngetrübtes Dir zerreiben,
damit Du Dich noch leuchten lässt
nachdem Dich Glanzgier ausgepresst?

(ausführlich entfaltet in "Lasse Los: Es menschelt!
Aber Hallo! - Lars-Locker-Gedichte"
BoD Norderstedt 2021)

Glanzverblendung

Oma Else

Schau, da ist die Oma Else,
die sich stets nur selbst gefällt
und sich für was Bess`res hält,
dort im Reich gereckter Hälse.

Ach, sie starrt noch stur gebannt
auf den Glanz, den sie stets suchte,
unbedingt für sich verbuchte
und doch nur bedingt vorfand.

Irritiert vom hausgemachten
Misserfolg der Glanzverblendung
hofft sie immer noch auf Wendung,
emsig im Sich-Aus-ge-dach-ten.

Wann wirft sie es aus der Bahn
und zerbricht ihr solchen Wahn?

Glaubensgluckig

Niederkunft

Und im Spiegel Deformierter,
heillos religiös Ver-WIR-ter,
schaute er sich plötzlich wi/e/der:

Es zerriss sein Seelenmieder,
sein neurotisch angehasstes,
glaubensgluckig eingefasstes.

Es erschrak ihm Angst im Leid!
Und die jäh geschenkte Freiheit
sang ihm neue Wehenlieder!

Vor dem Spiegel Deformierter,
heillos religiös Liierter,
kam er zu SICH-Selber nieder.

Glaubenshaube

Es
reißt mir jede
Glaubens-
haube

Ge-   wahre
mich   vom
Ursprung   her.

Es reißt   mir jede
Glaubens-   Haube. In
einer radikalen   Abkehr
befreie ich   mich vom
Ge-   glaube
an dies und   das Gewichtige
und einzig   Wahre, Richtige.

Ich bin so frei!   Ich lass es sausen.
Ich will nicht im   Geglaube hausen
an dies und   das Gewichtige
und einzig   Wahre, Richtige.

(ausführlich entfaltet in "Lasse Los: Der GEIST wehrt sich, wo er will! oder: Den Frommen entkommen oder: Angewidert abgewandt" - Gedichte - BoD Noderstedt 2017)

Glaubenssatzbrisanz

Glaubenssatzbrisanz

Der Glaubenssatz: *„Das kann ich nicht,*
dazu bin ich zu klein und schwach!"
verleitet Dich zum SELBST-Verzicht
und setzt Dich matt im Lebensschach.

Den Glaubenssatz erfreut das sehr.
Er profitiert vom Selbstbetrug.
Was er befürchtet, ist die Umkehr:
„Ich kann es und bin stark genug!"

Das wird den Boden ihm entzieh'n.
Er schmilzt bei soviel Selbstvertrau'n.
Drum sucht er stets, sich zu bemüh'n,
sein Credo dauernd durch-zu-kau'n.

Und fällst Du wieder auf ihn rein
und folgst der vorgesetzten Spur,
fühlst Du Dich schwach,
fühlst Du Dich klein,
verweigerst
Dich
der Eigentour
ins aufrichtende starke Leben.

Glaubensvielfruchttorte

Glaubens-Vielfrucht-Torte

Hört, Ihr Christen, meine Worte:

Eure Glaubens-Vielfrucht-Torte
schmeckt mir wohl, ist Euch ge-
glückt, wo sie mit frischem
Obst bestückt. Und grad` weil
mir solches mundet, wehre
ich mich, bald gesundet,
gegen jenen Rest der
Torte, jenen von
der tiefgekühlten
und der vor-
gekauten
Sorte
!

Glaubenswunde

Glaubenswunde

„Wenn es sich weiterhin nicht richtig dreht,
verlier`ich meinen Glauben ans Gerät!"
erregt sprach zum Verkäufer so
der Kunde
und offenbarte
seine Glaubenswunde
nach des Verkäufers Versuch,
ihn zu bekehren, den Glauben
ans Gerät nicht zu verwehren.

Gleichnisdurchwaltet

Gleichnisdurch**waltet - Gleichung**s**gestaltet**

Gleichnisdurchwaltet - so schau ich das Leben!
Lerne zu warten und lern` es zu warten!
Solches ist mir offenbar aufgegeben
gegen die herrschenden Gleichungsvernarrten.

Gleichungsgestaltet erstreben sie Welt,
weil sie die Gleichnisse nicht mehr erschauen.
Macherwahn, der sie im Banne hält,
lässt sie nur noch den Gleichungen trauen.

Gleichungsgeglaube ist auch nur Ersatz
für einen GLAUBEN, der uns überdauert.
Durch dessen Gleichnisse leuchtet ein Schatz,
der im Gleichungsgeglaube versauert.

Gleichnisdurchwaltet - so schau ich das LEBEN!
Lerne zu warten und lern` es zu warten!
Solches ist mir offenbar aufgegeben
gegen die Gleichungs-Gläubig-Erstarrten.

Gleichnisrecht

Gleichnisrecht

Im
Gleichschritt
der Gleichungen alles
gleichgültig.
Gleich-
nisse
sterben
atemlos.
Gleichschnitt
seziert beweis-
besessen und
beweist sich
nur seine
Nekro-
filie.

Wann
endlich siedet
Gleichungswahn und
verdampft im Aufdämmern
einer bewussteren Sicht
der Welt als Gleich-
nis, auch in ihren
Gleichungen?

Gleichniszersetzung

Gleichniszersetzung

Wer Gleichnisse mit Gleichungen
ganz ohne Unterscheidungen
nur einfach gleichsetzt,
der zersetzt sie gleichzeitig.
Sie wesen dann nur weiter noch
in geisterpickten Kümmerformen
mit angleichenden Gleichungsnormen.

Glücksinfarkt

Warte-Kur

Im Glücks-
infarkt zerbrochenes Glück!
Das Glück, es lässt sich nicht erzwingen!
Sonst bleiben Scherben nur zurück!
Das Glück, es will sich selbst darbringen.

Und seine Tür, sie öffnet sich
nach außen nicht, nach innen nur.
Drum warte ab und warte Dich
und Deine Kreise in der Spur

der OFFENEN PRÄSENZ,
damit Du Dich nicht selbst versalzt,
im Glückserzwingen Dich verkrallst.

Und so in letzter Konsequenz
nur jenes noch in Dir erstarkt,
was Dich hineintreibt in den
ungewollten Glücksinfarkt.

(ausführlich entfaltet in "Lasse Los: Zurück ins Glück! oder: Wege aus dem Glücksinfarkt" - Music-Textival - Ein Gleichnis über Wege aus dem Glücksinfarkt - in: Lasse Los: Seid Ihr noch zu retten? - Music-Textivals
BoD Norderstedt 2016)

Die sechste Kokosnuss

Die
sechste
Kokosnuss, sie bringt
das gierversessene Affenwesen
fast zur Verzweiflung, denn es ringt
vergeblich, diese aufzulesen.

Je eine Nuss in seinen Pfoten,
die fünfte noch im Maul verzahnt,
wird uns ein Schauspiel dargeboten,
das an die Grenzen uns gemahnt:

Die Grenzen der Begehrlichkeit,
die uns, wenn wir sie noch beachten,
den Wohlstandswucherwahn entmachten.

Beachten wir sie nicht im Streit
um noch mehr Lebensqualität,
ist es für diese bald zu spät.

Wie jede sechste Kokosnuss
den Affen in Psychosen treibt,
verzweifeln wir im Lebensfluss,
wenn uns zu viel zum Leben bleibt.

Good-Will-Event

In allem hilfsaktiven Tun

Bin ich präsent und schau Im-Jetzt,
dass Gutwilliges auch verletzt,
wird es nur blindwütig
getan
auf seiner
Gute-Taten-
Bahn:
Durch-
leucht` ich
mir den guten Willen
und seine egohaften Brillen,
befreie mich von ihrer Tönung,
der still-verheiß`nen Selbst-Bekrönung.
In solchem EINSICHTs-Sprung präsent
für mich und die Behandelten, lös`
ich mich vom Good-Will-Event
im auflichtend Ge-wan-del-ten.
Ich tanz` Im-Nun die Resonanz
mit allem, was der Hilfe harrt
und halte doch die Urdistanz
der aufrichtenden Gegenwart
in allem hilfsaktiven Tun.

Grastislava

Umsonst umsonnt

Umsonst
umsonnt uns die Sonne
Umsonst
umsorgt uns mit Licht und Wärme.
Umsonst
Warum leben wir?
Umsonst
Warum sterben wir?
Umsonst
Worum kreisen wir?
Umsonst

„Das Beste ist umsonst."

"Es ist ein Geschenk. Du kannst es nicht kaufen. Du kannst es nur würdigen, ... oder..... verkommen lassen. Schenken heißt: Geben ohne Schielen nach Gegenleistung.

Auch Dein Bestes kannst Du nur geben im Geiste des Schenkens. Du würdest es als Beleidigung empfinden, wenn man von Dir annähme, Dir könne man Dein Bestes abkaufen. Damit wärest Du selbst käuflich.

Das Beste, was jeder hat und was er, wenn er es weggibt, nur im selben Geiste weggeben kann, wie er es selbst empfangen hat, nämlich als Geschenk, ist das Leben."

Das Leben!

Hugo Kükelhaus

(In: Wilfried Belschner: Der Sprung in die Transzendenz, Hamburg 2007, S. 17)

**Alles
umsonst
in Gratislava!**

```
            A
            L
            L
            E
            S
A L L E S   U M S O N S T
            U
            M
            S
            O
            N
            S
            T
```

Grollenteisung

Grollenteisung

Im Groll auf seine Ehefrau,
durch Abweisung hervorgerufen,
kurz vor des Grolles Gala-Show
als heiße Kür auf Zorneskufen,

traf er die flüchtige Bekannte,
die sich in Trauer tief verzehrte,
weil ihres Mannes Tod sich jährte,
für ihn wie eine Abgesandte
des Lebens, das den Tod geschmeckt.

Ihr Trauerklang hat ihn geweckt
aus dem, was sich in ihm verbogen.
Sein Groll war schnell wie weggeflogen!

Und zum Präsent der Grollenteisung
hat sie ihn noch mit Dank beschert,
weil er ihr offen zugehört
bei all der klagenden Entgleisung
von dem, was sie so arg beschwoert.

Groll-in-Moll

Groll in Moll?

Du bist voll Groll,
ganz hart am Dur,
und lebst in Moll,
weil nicht sein darf,
was nicht sein soll.
Was macht der
Groll mit Dir
in Moll?
Wo
bleibt
denn nur
Dein hartes Dur?

Gutwetterhahn

Gutwetterhahn

Ihr
wollt
mich als Gutwetterhahn,
der sich in Eurem Winde dreht.
Doch ich bin Adler! Welch` ein Wahn,
dass Ihr
mich nicht
als solchen seht!

Halleluja-Mief

Halleluja-Mief

Und wenn Eure Lichtseiten
schon nach Schatten riechen,
wie wohl werden dann erst
Eure Schattenseiten
stinken?

Heimwehe

Heimwehe

Du überdrehst den Leerlauf,
den Du stolz Dein Leben nennst.
In Deinem Zwang, gut drauf zu sein,
spürst Du nicht, wie Du ausbrennst.

Du überschwemmst Dich selber nur
mit lauter Nichtigkeiten und lan-
dest auf der Prellbockspur,
wirst Dich ins Aus
geleiten.

Urplötzlich wird die Fahrt gestoppt.
Du bist an jenem Ziel, das Du
mit Deinem Stil erreichst
im Winner-Loser-
Spiel.

Was
Dich verletzt
und scheitern lässt,
das ist bei Licht besehen
die Wehe, die Dich weiter presst,
bis sie ins LEBEN Dich entlässt,
um JENES aufrecht zu bestehen.

Herrschaftswaise

Herrschaftswaise

Und
weil Du unser Leben
nach Deinem Kopf gestalten willst,
wie einst in Deinen starken Zeiten
und daran heute kläglich scheiterst,
wirst Du nun krank und nötigst
uns, Dich pflegend zu
begleiten,
den eigenen selbstbestimmten Alltag nach Deinen Uhren zu bestreiten.
Und Du genießt trotz Krankheitsschmerz die eigene
Bedeutsamkeit im Griff auf unser Leben.
Doch hüte Dich, wir haben
es durchschaut.
Nicht lange
mehr gelingt es Dir,
Dich derart zu vereisen,
um unser Leben einzukreisen
mit Deinen kranken Herrschaftsweisen.

Hormonium

Hormoniumsspiele

Fängt mein Hormonium an zu spielen
beim Anblick einer schönen Frau und
lässt mich manch` Intimes fühlen,
halt` ich bald inne bei der Schau.

Mach` mir die Intention bewusst,
die mein Hormonium intoniert,
damit es mich dazu verführt,
mich hinzugeben meiner Lust.

Im Ring mit dem, was angeklungen,
und dem, was bisher mich durchdrungen,
beruhig` ich die Hormoniumsschübe,
werd` ihrer Herr im Reich der Triebe.

Humanabrieb

Im kirchlichen Tendenzbetrieb

Wer hinter die Kulissen schaut
im kirchlichen Tendenzbetrieb,
ist oft erschrocken, ja ihm graut
vor solch` einem Humanabrieb.
Gespaltenheit ist wohl das Wort,
das diese Lage klar umschreibt
im jeweiligen Kirchenhort, in
dem ihr Unwesen
sie treibt.
Das Paradox
von Licht und Schatten
und seiner integralen Mitte,
in der sich beide stets begatten,
zertrennt man strikt und diese
Schnitte zerspalten das vereinte
Plus, die transduale Kreuz-
struktur, ins harte Minus
mal Minus.
Als Folge
lebt man doppelstur
auf jeweils der konträren Spur
im offenbaren Gut-Mensch-Sein
und im geheimen Schattenschrein.
Wer hinter die Kulissen schaut
im kirchlichen Tendenzbetrieb
ist davon wahrlich nicht erbaut,
vom zwanghaften Humanabrieb!

Human-Abrieb

Im
kirchlichen
Tendenz - Betrieb
erlitt ich den Human-Abrieb.
Doch weil`s im Tiefsten mir verbrieft,
hab` ich die UR-Tendenz vertieft.
Die not-wen-di-ge Folge war:
Ernüchtert sah ich deutlich klar:
Wenn Ihr Tendenzbetrieb betreibt,
verkrümmt Ihr Euch und einverleibt
Gemeindliches mit Vehemenz
in die vermeintliche Tendenz
erfrömmelter Verhimmelung
mitmenschlicher Verstümmelung.
Der Ur-Tendenz hielt ich die Treue!
Ich wurd` verstoßen! Nun erfreue
ich mich an frischer Geistesluft,
befreit aus Eurer Kirchengruft!

Human-Evolutiv

Human-Evolutiv

Einsam

Zweisam

ACHTsam

(ausführlich entfaltet in "Lasse Los: Den Umkehr-Blick wagen"
Wortbilder und Gedichte - Bod Norderstedt 2016)

Illusionslos

Illusions-Los

Wenn Du Dich den Illusionen
näherst und sie still betrachtest,
schaust Du, wie sie Dich vertonen
und wie Du Dich selbst entmachtest.

Wie sie Dich mit Leid belohnen,
weil Du sie verehrst und achtest
und mit ihnen Dich umnachtest.

Warum sollen sie Dich verschonen?

In-Schach-Halte-Ethik

Der Maßlos-Stab
oder:
In-Schach-Halte-Ethik

Der
Maßstab,
den sie anlegen
an das gemeinsame Handeln,
er ist zu hoch und zu verwegen,
um in ihm menschlich
noch zu wandeln.

Anstatt ihn einfach abzusenken,
damit er LEBEN nicht behindert,
versucht sich jeder zu verrenken,
um zu vertuschen, wie vermindert
er diesem nur genügen kann.

Und
mit verlog`nen Strategien
versucht ein jeder ihn zu flieh`n.
Man spinnt sich ein im
Lügenbann.
Der
Maßstab
lässt sich gut entfalten,
um andere in Schach zu halten.

Jammerpatt

Befreiung aus dem Jammerpatt

Sie jammert rum, das könnt` sie nicht
und sperrt sich ein in solch` Gejammer.
Wann steht sie vor dem SELBST-Gericht,
das sie befreit aus dieser K[l]ammer
und ihr den Weg weist, das zu wollen,
was sie bisher verhindert hat
in ihrem steten
Jammer-
patt.
Um nun, anstatt
nur noch zu grollen,
der Änderung der Einstellung
den nötigen Respekt zu zollen,
sich jetzt auf Lernwege zu machen,
um auch ihr Können zu entfachen
und so in diesem Aufbruchswillen
manch` Lebenswertes zu erfüllen.

Jetztseits

Jetztseits leben

Jetzt-
seits leben!
Ach, so vielen
wäre es gegeben!
Wenn sie sich
nicht
mehr verspinnen, mehr verkleben würden, seitwärts,
zeitwärts sich verdünnen, abwärts rinnen,
ohne zu gewahren, was
sich innen in
der Stille
ihnen
offenbaren
könnte, wenn
sie es nur ließen,
was da sprießen will und
sich erheben: Jetztseits leben!

Das Erblühen der Jetztseits-Rose

Zurück-zur-Natur, so hieß die Devise!
Ich grüße Rousseau im kühlen Grab!
Er brachte dereinst eine frische Brise,
die manch einem geistig die Klarsicht verdarb.

Zurück-zur-Natur, das hieß ja doch
zurück in die kindliche Naivität,
zurück in ein längst überlebtes Joch
kindlich gebundener Pietät.

Zurück-zur-Natur ist der falsche Pfad,
genauso wie vorwärts ins Klassenlose!
Was uns jetzt als Befreiung naht,
ist das Erblühen der Jetztseits-Rose!

Im Jetztseits schenkt sich die Qualität
und nicht im Vorwärts noch im Zurück!
Im Jetztseits blüht uns das wirkliche Glück
in transreflexiver Naivität.

Jetztseits angekommen!

In mir schweigt es wunderbar!
Kein Gefühlssturm treibt mich um!
Und ich fühl' mich rund und klar,
meine Sehnsucht, sie bleibt stumm!

Ich durchschreit' ein Stunden-Paar,
in dem ich Durchlösung spüre.
Und es ist mir offenbar,
dass ich jetztseits mich nicht führe!

Ich vertrau' dem Ungenannten,
in dem ich mich wiederfinde,
dem ich herzwärts mich verbinde.

In dem Kreis der All-Verwandten
bin ich endlich aufgenommen:
Ich bin jetztseits angekommen!

(ausführlich entfaltet in "Lasse Los:
Jetztseits leben! - Gedichte und Texte
BoD Norderstedt 2020)

Jetztseitsklang

**Bemüher-Fron und
Jetztseits-
Klang**

Im
Jetztseits
schon der volle Ton!

Doch diesseits im Gegebenen
auf jenem Weg der Strebenden
verhindert die Bemüher-Fron:

Ein(-)Lauschen
auf den Jetztseitsklang,
ein Auftanken im Stillenden
am   Aus-der-Stille-Füllenden
zum Leben in dem Höchsten Rang.

Jetztseits-Zipfel

Jetztseits-Zipfel

**Jetztseits
gewahrt, nur
offenbart sich
mir Heilsam-
Tragendes für
einen kurz-
lang - kurzen
Au-gen-blick.
Vielleicht ist
es ein Zipfel,
der sich
mir,**

**jetzt
und hier,
inkarnierenden
gipfelfaltigen
Wahrheit?**

Jetztwärts

Die Kraft IM-NUN

Weil ich kaum im Jetztseits lebe,
bin ich selten nicht verfangen
in Gespinsten und ich webe
eifrig weiter am Vergangen
und auch am Zukünftigen,
berge mich in Sicherheiten,
verwehre dem Vernünftigen
oft, mich jetztwärts zu geleiten.

Und weiß doch um die Kraft im NUN:
Sie ist mir mehrfach widerfahren im
Als- täte- man- nicht- Tun und im
achtsamen Gewahren dessen,
was mich gerade biegt.

Jet_{zt}zeitalter?

JET zt-
ZEIT-
ALTER?

Kahlfraß-Wohlstands-Wucherwahn

Kahlfraß-Wohlstands-Wucherwahn

Das Paradies, das Du erstrebst?
Für Dich eine Gefahrenquelle!
Was Du ersehnst, wofür Du lebst?
Es sperrt Dich in die Warenzelle.

Der Kahlfraß-Wohlstands-Wucherwahn
hat Dich in seinen Glaubenskrallen,
verspricht das Paradies uns allen
und stärkt doch nur die Leidensbahn,

der sehnlichst Du entfliehen wolltest,
dem Wahnversprechen Achtung zolltest
und die Zerstörung Dir erwähltest,

auf die Du hilfesuchend zähltest,
um die sich nun verstärkten Leiden
durch diesen Wahn grad` zu vermeiden.

Kernungsreisen

Kernungsreisen

Es treibt mich an von Innen,
zu gehen und zu dichten.
Ich soll erneut beginnen,
mich rundum aufzulichten,
soll Kernendes umkreisen,
auf Gestriges verzichten
bei meinen Kernungsreisen.
Ich soll die Frage an mich richten:

Worum geht es eigentlich?

Soll wandelnd lauschen einer Antwort
aus noch verborgenem Worte-Hort,
darauf, worum es eigentlich
den geht in Diesem-Leben,
das mir so reichlich aufgegeben.

Klerikahliker

Klerikahlschlag

Klerikahler Wiederspruch

Sich zum
HERR-scheN aufschwingen
mit dem Bruder
Jeschua!

Klerikahl-Alltag

Haupt-
amtlich
und
männlich, auch wenn weiblich,
in
der
Kirche:
Visier runter
und brüderlich
gefratzt.

Klerikahles Eisleben

Die Muffigkeit in den Gesichtern,
auch wenn die Fratze freundlich ist:

Wie Klerikahles doch zerfrisst
mit seiner Kraft zu irrlichtern!

Die Feigheit vor dem offenem Wort,
getarnt als Menschenfreundlichkeit.

Die Flucht aus nicht durchlebtem Leid
in klerikahlen Kuschelhort.

Die Zähigkeit, an Glaubenssätzen
auch dann noch zwanghaft festzuhalten,

wenn sie das Leben mehrfach spalten
und geistig sich schon längst zersetzen.

Und die Empörung, wenn man wagt
auf all` das sachlich hinzuweisen.

Wer Klerikahles hinterfragt,
den straft ur-plötzliches Vereisen
im klerikahlen Eisleben.

Ko(h)liath

Ko(h)liath

Ein
Ehrenmann im
Ehrenwort
aus
jenem
edlen Ehrenhort,
den man als CDU schon kennt.

KRANKEnHÄUSER

Krankenhäuser

Sind Krankenhäuser >kranke Häuser<:
Wie soll man dort denn bloß genesen?
Sind sie dagegen Heilungsstätten,
entfalten sie das Heilungswesen!

Behandeln nicht nur Krankheitsfälle,
begleiten durch die Krankheitshölle
und locken aus dem Seelenrunden,
in Mitmenschweise zu gesunden.

Doch geht die Krankheit tödlich aus,
weil sich Gesundung schon entzieht,
bewährt man sich als LEBENshaus,
in dem man nicht vorm Sterben flieht -

dem Übergang ins Ungeahnte -
durch trotzig wahnhaft noch verplante
Verlängerung des längst schon aus-
gelebten Lebens.

Krebskrankheitsgewinn?

Krebskrankheitsgewinn?

Nun hat er Krebs! Ach ist das traurig!
Jetzt geht er jedem, und zwar schaurig,
auch dem, der es nicht hören will,
mit seiner Krankheit ziemlich schrill
gehörig auf die schwachen Nerven.

Was hätt` er noch Besonderes bloß,
wär` er die Krankheit endlich los?
Ein Glück für ihn, er ist erkrankt!
Dem Krebs, dem sei dafür gedankt!

Wird er es nun noch ausprobieren
mit dieser Einsicht zu
hausieren?

Krebspendel

Krebspendel

Sie hat
an Hüllen nur geklebt,
und so die Fülle nicht gelebt,
die im Verhüllen sich verbirgt
und durch die Hüllen heilsam wirkt.

Am Hüllenwahn ist sie erkrankt,
hat ihre Fülle nicht getankt.
Und diese hat sich nun
gewehrt und sie
von innen
aufge-
zehrt.

Als
Gegenkraft
zum Wucher - Wahn
der Hüllen hat sich Krebs die Bahn
des Ab-ge-wehrteten gebrochen
und so die Fülle angestochen,
die nun in tödlichem Gericht
in alles Hüllenhafte bricht
in seiner endgültigen
Fülle.

Kreuzplusgeheimnis

Kreuz-Plus-Geheimnis

Hinrichtung des Plusgestaltigen am Kreuz!
Aufrichtung des Plusgewaltigen im Kreuz!

(ausführlich entfaltet in "Lasse Los:
Kreuz-Plus-Symbol-Imagination"
BoD Norderstedt 2021)

KU_EMMER_LICH

KU_EMMER_LICH

Sie sollt` ihr
keinen Kummer machen,
war ihrer Mutter Hauptdevise.
So hat sie sich im Kummerrachen
selbst stillgelegt in jeder Krise,
den eignen Kummer meist geschluckt
und mit sich selber ausgemacht,
nur selten weinend aufgemuckt
in mancher argen Kummer-
schlacht.

Und als
gefühlte Schuldnerin
der Mutter blieb sie abhängig
von ihr und wurd` zur Dulderin
und hassliebte sie weiter innig.

Als Mutter dann in Kummer fiel,
da kümmerte sie sich im Stil
von an-dres-sier-tem Kummer-Ich
um deren Leid nur äußerlich.
Und litt daran, dass sie nicht auch
an Mutters Kummer innerlich
noch Anteil nahm mit
Herz und Bauch.

Läuterungsgeläute

Läuterungsgeläute
im Gepre-
dige

Nicht-
geläuterte anzuläuten,
ihnen lauthals zu erläutern,
wie sie sich doch läutern sollten,
ist ein leuchtendes Beispiel
dafür, wie man es den Leuten
arg verbaut, sich zu läutern.

LEBENs-Aufwinde

LEBENs-Aufwinde orten

Am Hang ein Paragleiter,
der stetig Höhe noch gewinnt.
Spiralig kreist er weiter im
un-sicht-ba-ren Aufwärts - Wind.
Ich schau ihm zu und hab den Eindruck,
als ob die Schwerkraft jetzt hier spinnt.
Beim Schauen geschieht in mir ein Ruck!
Und es zerbricht, es taut, zerrinnt,
was mich der Schwerkraft überschreibt.
Und ich gewahr` den GEISTeswind,
der mich durchweht bei meinem Sprint
durch`s Leben, der mich weitertreibt,
die LEBENs-Aufwinde zu orten
in meinen eigenen Dichterworten.

Leistungsgötzendämmerung

Leistungs-Götzen-Dämmerung

Warum soll ich in Eurem Kreis
mich unwohl fühlen, wenn ich nicht
mehr kann und aussetze. Der Preis,
den ich Euch zahlen soll,
ist schlicht zu hoch.

Ich seh` es nicht mehr ein,
mich Eurem Leistungsgott zu fügen.
Ich reiß` ihn ein, den Götzenschrein.
Ich will mich nicht mehr selbst betrügen!

Für steigende Be-gehr-lich-kei-ten
lass` ich mich nicht mehr hetzen.
Ich bin nicht willig zu verletzen,
nicht mich, nicht Euch, zu keinen Zeiten.

Ich werd` nur Sinnvolles noch tun.
Ansonsten werde ich gelassen,
mich nur noch ausruhn, ausruhn, ausruhn.

Lethargievernetzung

Lethargievernetzung

Die
tägliche Verletzung
im Umgang mit-ein-an-der,
sie führt, dies sei Dir garantiert,
zu dauernder Verätzung, die
Du bald nicht mehr spürst,
weil Du an ihr, als sei sie
selbstverständlich,
nicht weiter
rührst.

Es
sei denn,
Du erwachst aus
Deiner Lethargievernetzung,
gewahrst die chronische Verletzung
all~täg~li–cher Ge-ring-schät-zung.

Lobdudelei

Lobdudelei

Wenn er die Lobposaune blies
und damit „unsere Freundschaft" pries,
die keine wahre Freundschaft war,
weil er sie, das war offenbar,
nur für sein Wohlergehen nutzte
und sie dadurch als Freundschaft stutzte,
wurd` mir bei solchem Lobgesang
als fader Lobeshudelei
des öfteren ganz mulmig bang.
Ich machte mich dann bald schon frei
von all` den Ego-Freundschafts-Possen
und trennte mich von dem Genossen.

Lös^{ch}ung

Lös^{ch}ung

Ein
Problem
ist ein Problem!

Und es wächst wie ehedem
als Problem, kommt Dir nicht
seine Aufhebung in Sicht!

Jene Lösung im Konflikt,
die Dich nicht mehr verstrickt,
sondern frei macht für die Wege
raus aus dem Problemgehege.

Willst Du diese wirklich geh`n,
musst Du erst noch versteh`n:
Lösung ist für ein Problem
wie die Salbe für`s Ekzem.

Lösung löscht Problemvermehrung,
wenn Dir vorher nicht schon graut
vor Kontaktannäherung an gesundete Haut.

Mangeltopf

Dein Mangeltopf

Dein
Mangeltopf ist übervoll
an Vorwürfen und Anklagen.

Du darfst den Mangeltopf entleeren,
damit die F ü l l e einziehen kann.

So dass es Dir, wenn es geschieht,
an manchem Mangel mangelt.

Mankomar

Mankomar

Sie hat nie
wirklich leben wollen!
So lebt sie sich nur stümperhaft.
Macht er dies Manko ihr bewusst,
beklagt sie es ihm unter Tränen.
Drückt ihm auf seine
Mitleidsdrüse
und gibt sich dann
damit zufrieden, als wär`
ihr Manko jetzt verschwunden.

MEINUNGSSTREIT

MEINUNGS-
STREIT

Die
Farbe Gelb,
die findest Du
in Orange und in Grün.
Welchen Schluss lässt das nun
zu, welchen willst Du zieh`n?

Betonst Du die Gemeinsamkeit,
die Du im Gelben vorgefunden,
oder jenen Gegenstreit, in dem
die Einheit unterbunden wird
mit den Farben Rot und Blau.

Was betonst Du nun genau?
Oder lässt Du beides gelten,
was sich in den Farben-Welten
zeigt: Ihre Kreuz- und Plusgestalt!

Minusschneise

Plusweise kontra Minusschneise

Wer sich nicht annimmt als eine der Plusgestalten,
der reduziert sich selbst: Er wird zum Minuswesen!
Und ihn ergreifen die selbstverachtenden Gewalten,
die strukturell in jedem Minus wesen.

Und was er aufrichten will, das richtet er
an seinen selbstverdrehten Minusweisen ab.
Sein nicht-gewolltes Minuswerk verrichtet er,
so lange, bis er kraftlos wird und schlapp.

Und scheitert er in seinen Minusschneisen,
verachtet er vor allem seine Mitwelt,
die sich - aus seiner Sicht -
ihm in den Weg gestellt.

Er wird noch lange im Minusbann vereisen,
bis ihn die Sonne der Plusgestaltung taut
und er in ihrem Licht sich endlich traut,
als Plusgestalt im Jetztseits zu leben.

Minuswaise

Minuswaise

Die Minuswaise ist der aufrichtenden Plusgestalt beraubt.
Mit Aggression geladen glaubt sie nur noch an die Ur-Gewalt.
Im Plus gekreuzt - ist sie für schöpferische Tätigkeit gebunden.

Als Minus west sie plusbefreit: Das Unheil wird als Heil ihr munden!
Und wenn sie sich im Ur-Gefecht der Minuswaise arg zerschunden,
dann heilt sie nur das Plus-Geflecht. Im Plusfluss werden sie
verbunden und finden nun im Plus den Halt
des EINEN in der Plusgestalt.

Mösewichteln

Mösewichteln

Er ist ein arger Mösewicht!
Die Ehefrau, sie reicht ihm nicht,
wenn er im Treue-Verzicht
in andere Ehen einbricht,
die mürbe sind
und nicht mehr dicht,
worauf er liebend gern erpicht,
was ihn in keiner Weise anficht,
im Gegenteil, ihn in die Pflicht
nimmt als lüsterner
Mösewicht.

Muttivation

Muttivation

Sie wollte niemals Mutter werden!
Es graute ihr vor den Beschwerden,
die ihre Mutter stets beklagte,
wenn Muttersein mit allen
Freuden und auch so
manchen Mutterleiden,
ihr nicht behagte, ja sie plagte,
weil ihre Einstellung zu Kindern
meist Plagen sah, statt die zu lindern.

Als Tochter
blieb sie kinderlos!
Und erst als ihre Eltern starben
und sterbend um ihr Mitleid warben,
ereilte sie ein See~len~an~stoß,
die eigene Muttivation zu leben
und sich der Pflege hinzugeben,
die Eltern pflegend zu begleiten
und sie mit mütterlichem Streben
auf ihren Tod vorzubereiten.

Narr-im-NUN

Narr-im-NUN

Ich gehöre
keiner Schule mehr an!
Kein Meister lebt, der mich
noch Neues lehren
kann!
Von Toten hab` ich manches zwar gelernt,
von Traditionen
mich aber
NUN
entfernt.
Und meinst
Du mich, wirst Du
mich freudig grüßen als einen
Narren auf seinen eigenen Füssen!

Nützlichkeitenpatriot?

(K)ein Nützlichkeiten-Patriot

Ich bin kein nützlicher Idiot!
Als solcher würd` ich mich verraten!
Ich lass` mich nicht von Euch verbraten
als Nützlichkeiten-Patriot.

Ich lebe jetzt! Und was uns nützt,
das will ich mit verantworten.
Vor allem das, was uns auch stützt,
und was uns schützt an unseren Pforten.

Doch mehr werd` ich für uns nicht tun.
Ich bin kein nützlicher Idiot!
Bin Adler und kein Massenhuhn,
kein Nützlichkeiten-Patriot.

Ich lass` mich nicht mehr messen
an Euren Interessen.

Nöti^{gun}g

Nöti^{gun}g

Wenn das
Nichtige mich nötigt,
es als wichtig anzupreisen,
wird es nötig, zu erwachen
aus dem träumenden Umkreisen
alles Nichtig-Nötigenden, um
dem Nötig-Wichtigen seinen
Platz anzuweisen im
Benötigten.

Oberflächlerin

Oberflächlerin

Als eine treue Flächlerin
hat man sie bald erkannt und
sie im flachländischen Sinn
zur Oberflächlerin ernannt.

Jetzt oberflächlert sie noch mehr
als sie bisher sich flachgemacht
und präsentiert sich im Verkehr
in Oberflächlerinnenpracht.

Was muss sie für ein Leid erfahren,
damit sie aus der Trance erwacht,
um klar und deutlich zu gewahren,
wie flach sie sich doch dar gebracht.

Und um zu schauen, wer sie ist
als eingeborene Räumlerin,
die viel zu lang` der Flächlerlist
erlag als Oberflächlerin.

Wird sie den Flächlerwahn durchschauen,
kann sie SICH in noch offener Frist
dem Räumlerdasein anvertrauen.

Ohne-Wenn-Und-Aber-Heil

**Das
Ohne-Wenn-
Und-Aber-Heil**

Dein Heil, es ist Dir garantiert,
so spricht der Priester ungeniert,
es ist Dir ohne Wenn und Aber
von Deinem Gotte zugesprochen:
Doch nur in Deiner Konfession!
Suchst Du es außerhalb davon,
ist es Dir schon zerbro-
chen!

Auf
solch` ein
kirchlich enges Heil,
da kann ich einen lassen
und dann ein Herz mir fassen,
das Ohne-Wenn-Und-Aber-Heil
kon-fes-si-ons-los, pfaf-fen-frei,
auch bei mir wirken zu lassen.

Pferdeweisheit

Pferdeweisheit

Du

kannst ein

Pferd zur Tränke bringen,

es aber nicht

zum

Trinken

z w i n g e n !

Parmasanides

Parmasanides
oder: **Alles Käse!**

Ein Papyrus, den man fand,
als Fragment und stark zersetzt,
aus dem alten Griechenland,
wird als Sensation geschätzt.

Denn er stammt schon aus der Zeit
jener Vorsokratiker
von einem Asthmatiker
namens Parmasanides.

Seine Botschaft: „Alles Käse!
Riecht zwar übel, aber schmeckt!"
Jung hat er sie ausgeheckt,
diese umwälzende These!

Sie wird unsre Sichten ändern,
unser Bild vom Lebenführen,
von der Mitte zu den Rändern
unser Dasein transformieren.

„Alles Käse, was so ist!
Es stinkt mächtig, aber schmeckt!"
Parmasanides entdeckt uns
die Vereinigung im Zwist!

Neueste Forschungen beweisen,
dass der Name Parmasan
für den Käse, den wir preisen,
wohl entlehnt ist von dem Ahn,
unsrem „Käse-Philosophen"
namens Parmasanides.

Partnerschaft

Partnerschaft

Sie karrt mir ihren Partner ran
zur psychologischen Beratung.
Ich solle ihn, soweit ich`s kann,
in intensiver Seelenwartung
be~ein~flus~sen in ih-rem Sin-ne,
damit er ihr~ge~mäs~ser tickt,
die Welt durch ihre Augen blickt
und sich ihr fügt als Zugewinn.

Ich helfe ihm, dies zu verstehen,
sich zu befreien vom Machtanspruch,
den sie erhebt im Paar-Geschehen
mit Androhung von Paar-Abbruch.
Und ihm wird klar, wie sie ihn hält
durch zugewiesene Opferhaltung.

Und als er sich dem endlich stellt
in nachgeholter Selbstentfaltung
und sie auf ihren Platz verweist,
beschimpft sie mich als unfähig,
bricht den Kontakt ab und vereist.

Ihr Mann jedoch durchschaut den Trick,
lässt sich noch eine Zeit begleiten
um Trennung vorzubereiten
von ihrer falschen
Machtgestaltung
und seiner Käfighaltung
in a-tem-en-ger Partnerhaft,
die er nun nicht mehr mit erschafft.

*(ausführlich entfaltet in "Lasse Los: Im Gehege
einer EHE - Paar-Wahr-iationen" - Gedichte
BoD Norderstedt 2023)*

Pfleglingsehe

Eine Pfleglingsehe
oder
Auch in ihrer Ehe will sie schwestern

Seine Ehefrau will, dass er sich gewöhne
an das Urmuster der Mutter seiner Söhne.
Sie ist allen eine gute Pflegerin,
denn das Schwestersein ist
ganz in ihrem Sinn.

Auch in ihrer
Ehe will sie schwestern.
Darin ist sie rundum noch von gestern.
Frausein ist ihr andressiert zuwider.
Und so schützt sie sich im Pflegerinnenmieder.

Und so stützt sie sich in ihrer Schwesternenge!
Und so stürzt sie sich ins helfende Gemenge.
Und so stutzt sie ihre weibliche Pracht!
Und so trägt sie dabei stolz
die Schwesterntracht!

Und so will sie,
dass ihr Mann sich gewöhne
an das Urmuster der Mutter seiner Söhne.
Denn sie ist doch eine gute Pflegerin.
Nur das Frausein ist nicht in ihrem Sinn!

Pluendern

Pluendern

Zur
Kindheit schon
verwundet durch den Plunder,
zerplündern sie betäubt ihr Lebenswunder.
Verwundern sich nicht, dass die Selbstbetörung
sie immer tiefer treibt in die Zerstörung.

Plusfluss

Der Welten-Fluss als Plus

Ich komponier` in Plus-Gestalt, in
der Gestalt des Goldenen Schnittes.
Aus ihrer Mitte sprießt ein Halt,
ein ungeschaffenes Drittes.
Der Nullpunkt
jetztseits im Vereinen
sich kreuzigender Gegenrichtung
entzieht sich immer ins Verneinen,
lässt sich in der gewagten Dichtung
nur aussagen als Mittenschnitt,
als ortloser Ort der Keinfalt,
als Quellpunkt aller Plusgestalt,
als Mittelpunkt im „Dreh-Dich-Mit".
Den uralt-neuen Welten-Fluss,
den komponiere ich
als Plus.

Plusgestalt

Die Plus-Gestalt als Ur-Symbol

Das Plus,
es ist das Ur-Symbol
des Viel-di-men-sio-na-len.
Die Plus-Gestalt zeigt Dir Dein
Wohl und Heil jenseits der Qualen,
die Du durchleidest, lebst Du nur
im Dämmerlicht, im fahlen, auf
jener engen, schmalen Spur
des Eindimensionalen.
Doch auf dem
Weg zur Plusgestalt
erleidest Du die Wehen
von allem Auf~er~stehen,
erlebst aufrichtende Gewalt,
die Dich aus allen Engen treibt
und Dich entfaltet, einverleibt
in jenen Halt der Plusgestalt.

Pfad - zum - PLUS

Noch vegetiert als Minus-Wesen voll Energie
und Tatendrang der Mensch auf den Kultur-
Prothesen ins Abwärts meist am Lebenshang.

Und
könnte doch
in Plus-Gestalt das
Mi-nus-Haf-te ü-ber-win-den!

Sein eingeborener WESENshalt will alles
Minus kreuzend binden. Es wär` ihm
ein Geschenk des LEBENs,
wenn er es sich bloß
schenken ließ.

Es schenkte sich
so oft vergebens, weil es
den Pfad-zum-PLUS ihm wies!

Plusgestaltig oder Minushaltig?

Bin ich nun ein Diener
des Plusgestaltigen?
Oder bin ich Sklave
des Minushaltigen?

Bin ich jetztseits, bin ich frei!
Frei, im Plusfluss zu gestalten:
Menschlichkeit als ein Präsent
für uns mit zu entfalten.

Kleb` ich am Vergangenen
oder am Zukünftigen,
werd` ich alles nur verwalten
und im Minus mich enthalten.

Plus+gestaltig? Minus-haltig?
Das ist Hier-und-Jetzt die Frage.
Urgewaltig alternierend,
weisen sie auf unsere Lage.

Gekreuztes Plus

Allein schon das wir existieren
als Endliche in Raum und Zeit,
lässt uns die Gegensätze spüren,
die an uns zerren im Daseinsstreit.

Anstatt sie achtsam auszuhalten
als Plus, das sich gekreuzt uns zeigt,
aus seiner Kraft uns zu gestalten,
wird dies` von uns oft nur bestreikt.

Wir flüchten uns aus jener Spannung
des ge-gen-satz-ver-ein-ten Plus
und buhlen in der Selbstverbannung
um`s pluszerspalt`ne Minus-Muss.

So zeugen wir uns erst die Krisen,
die uns heut` weltenweit bedroh`n.
Und was nicht heilt, wird angepriesen,
so dass wir nur noch mehr verroh`n.

Tanze meine Plusgestalt

Atmen darf ich - frei und offen!
Tanze meine Plusgestalt!
Jetztseits bin ich, nicht betroffen,
von raum-zeitlicher Gewalt.

Vor der Klammer steht ein Plus.
Seine Mitte strahlt ins Leben.
Schenkt mir seinen Hochgenuss,
ist als Plus mir aufgegeben.

Fördern will es mich im Bruch,
aufrichten als Plusgestalt.
Es ist Zuspruch! Es ist Anspruch!

In ihm trotz` ich der Gewalt,
die ihr Werk an mir verrichtet:
Mich im Endlichen vernichtet!

Plusgestaltverstellt

Plusgestaltgewollter Verwalter

Wir scheitern, wenn wir träumend uns begeistern
für`s Weltgehege technologischer Vernunft.
Wir müssen erst erwachen, um die Zukunft
nicht träumend plusgestaltverstellt zu meistern.

Die menschen-menschgemässe Plusgestalt,
sie braucht zu ihrer eigenen Entfaltung
und ihrer plusdurchtränkten Weltgestaltung
die volle technologische Gewalt.

Doch ist der Mensch in allem Mit-Gestalter
von einer Welt, die ihn nicht knechten darf.
Sonst bleibt er einer, der sich selbst verwarf:

Als plusgestaltgewollter Verwalter
lebendig begrenzter Möglichkeiten,
sich nur noch technologisch auszubreiten.

Pluskuss

Der Plus-Kuss

Der Plus-Kuss ist ein Todeskuss:
Er lichtet das Bisherige,
enthebt Dich falschem Schulterschluss,
verscheucht Dir das Entbehrliche.

Wenn er Dich trifft, entreißt er Dich
den selbsterträumten Säumnissen.
Und dies vollzieht er meisterlich!
Das Knebelnde wird Dir zerbissen!

Noch im Erschrecken wirst Du staunen:
Denn wachgeküsst erschaust Du jetzt,
womit Du Dich bisher verletzt.

Und aus dem Plus-Kuss tönt ein Raunen:
Entsage Deinen Minus-Welten!
Sie krümmen Dich ins falsche Streben!
Das Plusgestaltige soll gelten!

Es ist, oh Mensch, Dir aufgegeben,
in seiner Aufrichtung zu leben!

Vom Plus-Kuss geweckt

Manchmal trifft im Lebensfluss
mich urplötzlich jener Kuss,
der aus Alltags-Trance mich weckt,
mich ins Jetztseitige neckt.

Es verfliegt das Flüssig-Zähe.
Im Erwachen nun erspähe
ich Durchlösung jener Knoten,
die mich zu ersticken drohten.

Schau die Alltags-Trance-Verschleppten,
die im emsigen Verstreben
sich im Eisigen verleben
und dann enden im Versteppten.
Ihnen wünsch` ich jenen Kuss,
der auch sie erweckt ins Plus.

Postmodernd

POSTMODERND

EGAL,
WER DU
AUCH SONST
NOCH BIST!
WICHTIG
IST
NICHT,
WAS DU
MACHST,
SONDERN
NUR,

DASS
DOCH DAS,
WAS DU TUST ER-
FOLGREICH
IST.

PräsENTAGON

PräsENTAGON

Im PEN-
TAGON, da regen,
verteidigungsverwegen
sich PENTAGON-Strategen
auf offensiven Abwehrwegen
und wollen sich die Gegenwart
neu sichern in der Western-Art
des Wohlstands-Wucher-Wahnes.

Doch im Präsentagon, da pflegen,
ursprungs- und präsenzverwegen,
sich die Präsentagon - Strategen
auf Anti-Anti-Antwortwegen,
durchkreuzen jede Strategie,
denn jede Strategie führt nie
zum Ursprung in der Gegenwart.

Präsentalität

Präsentalität

Weil der Mensch in seiner Fülle
bisher nicht erschienen ist,
sondern nur in neuer Hülle

Altes weiterlebt im Zwist,
· kann man aus Vergangenheit
in die Zukunft nichts verlängern.

Drum sei wach und sei bereit!
Kehre um zu den Empfängern!

Sie gewahren, was uns einlädt,
tief im Jetztseits noch verborgen,
jene Präsentalität
für ein menschlicheres Morgen.

Im Präsentsein ein Präsent sein
richtet auf in allen Sorgen!

Präsentalität als Präsent(-)sein

Mein Leben, es gehört nicht mehr
nur mir. Ich hab` es eingesehen.
Es hat mir nie allein gehört.
Ich spüre Wehen, es
    ist schon spät!

Mein Leben hört vor
allem auf Präsentalität.
Ich bin mit Euch verwandt.
Ich soll für Euch präsent sein
und soll Euch ein Präsent sein.

Doch bin ich kein Repräsentant,
auch nicht der Präsentalität. Sonst
wär` ich nur, so ganz im Trend,
ein Präsentant von Qualität
und selber kaum präsent.

Treya Wilber: Dienstbarkeit - Präsentalität

>>Wieder in Bonn, wurde ihnen deutlich, dass die Ärzte Treya aufgegeben hatten. Die Enzymtherapie war nun der letzte ihnen verbliebene Strohhalm. Auf der Rückreise besuchten sie den Kölner Dom, in dem Treya folgende Erkenntnis hatte: *„In den Moment, als ich vor dieser flackernden und sanften Flut der unzähligen Kerzen kniete, konnte ich nur den einzigen Gedanken fassen, dass der Sinn des Lebens in der Unterstützung von anderen Menschen liegt. In einem Wort:* **Dienstbarkeit.** *Spirituelles Wachstum und Erleuchtung waren plötzlich nichts weiter als reine Konzepte. Die vollkommene Realisierung des eigenen Potentials erschien abgedroschen und egozentrisch, es sei denn, sie führt (was häufig der Fall ist) zu Ideen oder Schöpfungen, die das Leiden lindern helfen. Was war mit Schönheit, meiner künstlerischen Arbeit, Kreativität? Nun, heute schien das alles nicht mehr besonders wichtig ... Menschliche Beziehungen, menschliche Verbundenheit, eine freundliche und liebevolle Beziehung mit allen Lebensformen und der gesamten Schöpfung, nur das schien von Belang. Mein Herz offen zu halten, was schon immer die größte Herausforderung für mich war, meine Abwehr abzulegen, mich zu öffnen für den Schmerz, damit Freude hineinströmen kann."*<< **In: Visser, Frank, Ken Wilber, Denker aus Passion, Verlag Via Nova Petersberg 2002, S. 170**

Präsentalität

Die Geburt eingeborener Potentialität,
präsent zu sein und ein Präsent zu sein,
das Leben als Präsent zu gewahren,
sich in ihm als Präsent zu erfahren
und in ihm ein Präsent zu sein
in der jeweils einmaligen
situationsgerechten
Aktualität.

Präsentalität

ist das
Zugleich von
präsent sein und
ein Präsent
sein,
das Zugleich von vertikalem und horizontalem
Präsent(-)sein, die lebendige
Kreuz-Plus-Struktur,
die Plusgestalt
der Exodus
aus dem
Kon-
kretistischen
und die gelebte
HEIMKEHR INS KONKRETE.

(ausführlich entfaltet in "Lasse Los - Präsentosophia
präsent sein - ein Präsent sein" - Wortbilder
Texte - Gedichte - BoD Norderstedt 2021)

Präsentosophia

**Bitter-
süßer Kelch
der Präsentosophia**

präsent-sein: Mit Bewusstheit
das Leben als Event erfahren
präsent-sein: In Bewusstheit
das LEBEN als Präsent gewahren
präsent-sein: Ein Präsent sein

Und in der Welt präsent sein
Und in ihr ein
Präsent
sein

Prä-
sent
- O -
sofia

**Mini-
mal Message,
but Maximal Massage**

Präsentosophia

Prä-
sentosophia
ist keine Lehre, ist eine Kunde
von der Befreiung im Präsent(-)sein,
und auch von der Befreiung
von aller Lehre.

Die große Freiheit

Ich hab` die große Freiheit zu verzichten
auf neue Nervenkitzel in Aktion.
In Plusgestalt will ich nur noch mich aufrichten
und mitschwingen im eingeborenen Ton.

Und ich entsage jetzt dem Weltgetümmel
und schenke Euch die Präsentosophie.
Sie wird Euch Kompass sein im Weltgewimmel,
entfesselt neue Lebensenergie.

Vor allem aber führt sie auf die Lichtung,
auf der ihr Euer Leben tiefer ortet.
Sie weist als Richtung Euch die Aufrichtung,
die sich in Plusgestalt verantwortet.

Auch Ihr habt jene Freiheit zu verzichten
auf neue Nervenkitzel in Aktion.
Auch Ihr könnt Euch plusgestaltig aufrichten
und mitschwingen im eingeborenen Ton.

Präsentosoph*in

**EIN
PRÄSENTOSOPH
IST EIN MENSCH,
DER DIR SOLANGE
PRÄSENT(-)IST,
BIS DU DIR
SELBST
UND
ANDEREN
PRÄSENT SEIN - EIN
PRÄSENT SEIN KANNST**

Präsentosoph

Nun, ich bin Präsentosoph,
hab` ich heut` für mich entdeckt.
Ich bewohne jenen Hof, der ins
Präsent(-)sein sich erstreckt.

Ich ergründe mich im Ursprung,
in der mir geschenkten Weisheit.
Und ich finde mich vom Urschwung
aufgerichtet in der Zeit.

So gewahr` ich jetztseits
mich, erwacht in offene Gegenwart,
in der mich kein Bemühen mehr narrt,
den eigentlichen KERN-AN-SICH

ver-ge-hirn-licht zu erlangen.
Ich werd` mich nicht mehr verfangen
im Geschlossenen, bin befreit
in meine Gegenwärtigkeit.

Präsentosophin

Die
Präsentosophin
erstrebt keinerlei außer-
gewöhnliche Erfahrungen (Events)
und Seligkeiten (als Events)
Sie I S T alltagsselig!

Auch in der Teil-Haftigkeit
des Alltags ist sie des Ganzen teilhaftig.
Ist es ihr bewusst, lebt sie im Alltag den ALLTAG!

Nur wenn sie ganz präsent ist, ist sie ganz Präsent!
Nur wenn sie ganz Präsent ist, ist sie ganz präsent!

Präsent(-)sein

Plusgestaltung - Minusspaltung

Präsent-
sein heißt:
Die Plusgestaltung
des Heilen-Heit`ren
zu gewahren
und
gleichzeitig die Urzerspaltung ins Doppel-Minus zu erfahren.
Im Schau`n der off`nen Plusgestalt und seinem aufrichtenden Walten
der Doppel-Minus-Urgewalt in seiner Spaltung standhalten.
Im Warten des Geduldigen Zerspaltungen ertragen.
Nicht mehr dem Minus huldigen
und nicht verzagt versagen.
Das Plusgestaltige durchlöst
noch jede Minusspaltung.
Wenn Du gelassen in ihm anwest,
dann schenkt sich Dir die Plusgestaltung,
im wartenden Präsentsein auch ein Präsent zu sein.

Präsent(-)sein als Wirt
der Stille und
der Fülle

präsent sein:

Sich vom Wirt der Stille
ohne Erwartung, ohne Bewertung
und ohne Befürchtung
bewirten lassen.

Ein Präsent sein:

Als der Wirt der Fülle
ohne Erwartung, ohne Bewertung
und ohne Befürchtung
bewirten.

Kreisel des Präsent(-)seins

präsent sein,
das LEBEN im Leben als
präsent gewahren, sich in ihm als
präsent/Präsent erfahren
und in ihm,
aus ihm,
mit ihm
im Leben
ein Präsent
sein.

Das Leben sei mir ein Präsent

Ich kann es nicht mehr hören,
das all-täg-li-che Schnattern.
Es will mich nur betören
mit immer gleichem Rattern.

Ich werd` mich distanzieren
von eingefleischten Gattern.
Ich will nicht mehr logieren
bei jenen Le-bens-Cut-tern,
die mich im Kern beschneiden.

Ich brauche Raum und Stille,
damit es sich erfülle,
was mir durch alles Leiden
ansichtig wird und transparent:
Das Leben IST mir ein Präsent!

Präs**ident-sein**

Präsident-sein

Was ihn so treibt in seinem Leben,
ist: oberstes Event-zu-sein und
ehrgeizig danach zu streben,
auch einmal Präsident-zu-sein
in einem möglichst großen Rahmen.

Was ihm verbleibt, das ist ein Rausch,
der bald vergeht. Er wird erlahmen
und sterben in den Großen-Tausch:
Von aller Blendung beim Event-sein
hin zu der Wendung ins
Präsent-sein.
Was
nützt es,
Präsident-zu-sein,
wenn man vergisst, Präsent-zu-sein!

Protestantagonismus

Realvegetierender Protestantagonismus

Der real-vegetierende Protestantagonismus
ist schon längst auf dem Weg in eine Nischenexistenz.
Noch ist er rein materiell abgesichert durch den Fiskus.
Doch es mangelt ihm an geistlich-zeitgemäßer Evidenz.

Seine Botschaft ist verpackt in überlebter Fragestellung.
Deshalb wird sie von modernen Suchern einfach ignoriert.
Sie braucht dringend eine transformatorische Erhellung,
die sie sprachlich aktuell in das Zeitgespräch einführt.

Denn sie hütet eine Sicht, die - gelichtet - helfen kann,
freier durchzuatmen in dem Gehege aller Götzen,
die den Zeitgenossen leistungsgläubig zieh`n in ihren Bann,
um ihn nun erbarmungslos in den Leistungstod zu hetzen.

Was uns frei macht, müssen wir zeitgemäßer formulieren,
um erneut es zu gewinnen und uns damit hinzuführen
zur befreienden Präsenz des Präsenten.

Quasselität

Quasselität
s e t z t
sich
nicht
durch!

Rallyegion

**Es
blüht bei
uns die Rallyegion,
die Religion
stirbt
ab!**

Religionsverdreht

Religionsverdreht

Das Geschwafel im Geschwätz
re-li-gi-ons-ver-dreh-ter Pfaffen
hat nur Wirkung noch im Netz
derer, die es niemals schaffen,
sich die Freiheit zu erringen,
selbst zu denken,
selbst zu schau`n,
in den Klängen
mit-zu-schwingen,
die das Leben auferbau`n,
um sich nicht mehr auszurichten
am Geheiligt - Hin - Gedruckten
in den pfäffischen Konstrukten,
die wir früher einmal schluckten,
und vor denen wir uns duckten,
weil sie durch die Hirne zuckten,
bis wir endlich aufmuckten
und noch einmal hinguckten
auf die ganze Wirklichkeit
in Raum und Zeit,
raum - zeit -
befreit.

Resignieren

Resignieren

Beim
Regieren
Sinn einführen
führt sehr schnell
zum
Resignieren!

Rettungslosgierig

Rettungslos gierig

Mit der gleichen Gier wie Ihr
Euren Lebensraum zerfresst,
mit der gleichen Gier sucht Ihr
ihn zu retten. Ihr vergesst,
dass die Gier das Übel ist.
Der müsst Ihr zu Leibe rücken,
wollt Ihr Euch nicht selbst erdrücken
vor der noch gewährten Frist
vom
bläulichen
zum
gräulichen Planeten.

Richtungseinzigartigkeit

Richtungseinzigartigkeit

Die
einzige Richtung,
die ich für mein Leben
akzep-
tiere, ist
die humane,
die Aufrichtung.

Rückgratmatt

Rückgratmatt

Er inszeniert ein Rückgrat,
weil er kaum eines hat.
Er spottet über alle, die so
wie er sind: Rückgratmatt.

Mit dem kleinen Unterschied,
dass die sich hängen lassen
und sich in ihrem Klagelied
an das Verbiegende anpassen.

Er aber hat die Kehrseite
der gleichen Medaille gewählt.
In seiner verborgenen Pleite
auslebt er das, was andere quält.

Vielleicht durchbricht er diese Wendung,
gewinnt dabei ein eigenes Rückgrat,
entgeht damit der Dauerblendung,
die ihn noch stets verbogen hat.

Sargbar

Sargbar

In die Sargbar seilen sie sich ab,
zehren an sich und sagen sich Verwesliches.
Fröhlicher Un-ter-druß breitet sich aus.
Gerede zernagt alles sinnvoll Sagbare.

Was wäre nun, wenn unsagbar
Sinnvolles aufstünde und seinen
Spiegel erhöbe, und alle schauten
SICH und manche trauten sich,
ihm standzuhalten?
Ob sie dann
wohl
Unsägliches
zu ertragen und
Unsagbares zu sagen wagten?

Schmutz

Schmutz

Schützt Euch
vor allem Schmutz,
doch schützt Euch auch
vor Eurem Schutz!

Schonungssucht

Abwehr aller Schonungssucht

Wer sich am Leben nicht entzündet,
steht in Gefahr, dass sein Kraft
sich mit sich gegen ihn verbündet
und in ihm die Entzündung schafft,
die er im Äußeren gemieden.

Er wollte sich ganz einfach schonen.
Doch führte dies zum falschen Frieden.
Jetzt wird Verschonung ihn verwohnen
als Kon-se-quenz der Le-bens-flucht
mit Leiden, die sich wirklich lohnen,
die schmerzentfaltet ihn vertonen
zur Abwehr seiner Schonungssucht.

Wer sich am Leben nicht entzündet,
steht in Gefahr, dass seine Kraft
sich mit sich gegen ihn verbündet
und in ihm die Entzündung schafft,
die er im Äußeren gemieden.

Doch dies führt nur zum falschen Frieden,
zum kalten Krieg der Selbstzerstörung
durch kuschelweiche Selbstbetörung.

SchulzugeHÖRIGKEIT

SchulzugeHÖRIGKEIT

Ich gehöre lieber jener Schule an,
die das LEBEN SELBER ist.
Und ich werde mich,
das verspreche ich,
keiner Schule
mehr anvertrauen,
die das LEBEN nur vermisst
und im Kampfe gegen andere
- in sich selbst verfangen -
triumphierend ihre Fahnen hisst
und sich so, ob im Siege oder
in der Niederlage kreisend,
weiter nur selbst zerfrisst.

Schützophren

Schützophren

Sie
schützt sich
vor den anderen,
um sich so vor
SICH-
SELBST
zu schützen!

SchwACHwACH

Schwach-Wach

Schwach-wach
achtet
nur
das Flache

Schwergesichtig

Schwergesichtig

Seine Glaubenssicht
fordert Schwergewicht.
Er vertritt sie, die so nichtig
und so arg leichtgewichtig
richtig schwergesichtig.

Schwersinn

Welch` ein Sinn?

Wenn der Schwachsinn Konjunktur hat,
ist der Schwersinn nicht gefragt.
Leichtsinn hat ihn
überragt.

Und
er flüchtet
sich ins Kurbad,
seine Schwere neu zu eichen:

Um ge-stärkt und un-ge-spal-ten
all` dem nicht mehr auszuweichen
und dem Unsinn standzuhalten.

Seh**n**end

Seh**n**end

Ich
spüre oftmals
JENES LEBEN,
das mir vom Ursprung her
versprochen.   Doch lass` ich
mich mit ihm   erheben, wird
mir mein   ***Ego-***   gestochen.
Star
Und ich werd`   sehend und
ich schaue: Wie   ich bisher mich
falsch gesehnt,   nicht ins Acht-
Achtel mich
gedehnt.

Wie
in der
Zwo-Drei-
Achtel-Klaue ich
mich-verschanzt gefangen
halte, mein Leben nur verengt
gestalte im temperierten Zwo-Drei-Achtel.

SELBST-Gericht

Für ein leidgestilltes Leben

Deine Sicht
erzeugt das Leiden,
das zu heilen sie verspricht.
Du kannst dieses nur vermeiden,
stellst Du Dich dem SELBST-Gericht.

Und gewahrst in Achtsamkeit
und in stiller Offenheit
den fatalen Sicht-Betrug
durch den falschen Selbstbezug.

Ohne Vorwarnung ein Wahnriss
mit bru-ta-ler Ve-he-menz:
Du erwachst im Widerfahrnis
jener heilenden P R Ä S E N Z !

Sie durchlöst Dir alle Sichten,
die in ihrem Licht sich wandeln
und hilft Dir, Dich aufzurichten,
aus der Plushaltung zu handeln
für ein leidgestilltes Leben.

Kristallines Ich-Gespenst

Meine Identität
ist ein Ich-Gespenst!
Ich erkenne, wenn auch spät,
was Du Selbsttäuschung nennst!

Überblendung jener Einsicht,
die mich frei machen könnte,
wenn ich mir im Selbstgericht
endlich die Eröffnung gönnte:

Dass ein isoliertes Ich
nirgendwo zu finden ist.
Was ich suche, ist vergeblich!

Nur auf dem Entfremdungsmist
wächst Mein - Kristallines - Ich!

Bis Dir zerbricht der Blenderich

Für Deine Sünden, Deine Schwächen
bin ich doch nicht verantwortlich!
Soll ich mich dafür an mir rächen
durch Wut und Ärger über Dich?

In meinem Ärger geht`s mir schlecht.
Sein Ausdruck hat mir nichts genützt.
Du hast Dich nur vor ihm geschützt
und fühlst Dich weiterhin im Recht.

Die Blindheit, der Du Dich verschreibst,
verwischt Dir jeder Selbsteinsicht,
bis Du am Leben Dich zerreibst
und sehend wirst im SELBST-Gericht.

Bis dahin werde ich noch warten!
Ich warte ab und warte mich,
schütz` mich vor Deinem Selbstentarten,
bis Dir zerbricht Dein Blender-Ich.

Für Deine Sünden, Deine Schwächen
bin ich doch nicht verantwortlich.
Ich werd` an mir mich nicht mehr rächen
durch Wut und Ärger über Dich!

(ausführlich entfaltet in: "Lasse Los - R-Ausgeflogen"
Ein bunter Abgesang auf meinen Kreuzweg in
und und aus der real existierenden Kirche
BoD Norderstedt 2016)

Selbstverwürglichung

Sich-verwürglichender-Sinnverweigerer

Wie viele Schläge musst Du noch erleiden,
um endlich zu verstehen, dass Du Dich irrst?
Wie oft willst Du Dich noch vor Dir verkleiden,
um nicht zu sehen, wie Du Dich selbst verwirrst?

Wie lange willst Du es denn noch vermeiden,
die Irrlichter zu schauen, die Du umschwirrst?
Wie häufig willst Du Dich noch selbst beschneiden,
damit Dir die Verblendung nicht zerbirst?

Du bist genial darin, Dir selbst nur zu genügen,
indem Du Dich verzweifelt selber suchst.
Was Du auf diesem Wege Dir verbuchst,
das hilft Dir nur, Dich weiter zu betrügen.

Lass` ab von aller Selbstverwürglichung!
Verwürgtes Selbst lässt Dich nicht freier leben!
Es sucht Dich nur noch tiefer zu verkleben
in selbstvertonter Sinnverweigerung.

Sicherungsverbiss

Selbstbezug als Selbstbetrug

Mit Sicherungsverbiss im Blick
vergreifen sich die Augen an dem
Waltenden, um sich das Glück
zu sichern unter ihrem Bann.
Und sicheln sich nun mit Gewalt
das kurze Glück geschnitt`ner
Rosen. Es soll die sterbende
Gestalt solang` wie möglich
sie liebkosen.
Und
merken nicht
den Selbstbetrug
der sichernden Gebärden.
Gewahren nicht, wie Selbst-
bezug sie hindert, sich zu erden,
und sie verlockt, sich Zug um Zug
mit Schläue und verstandesklug
nur selber zu gefährden.

Sichtenscharte

Der Weg des Gewahrens

Ich halte einfach inne und gewahre,
was ich im Alltag eigentlich erwarte,
und wie ich werte, was ich so erfahre,
begrenzt durch meine eigene Sichtenscharte.

Ich halte weiter inne und gewahre,
nun möglichst ohne Erwartung und Bewertung,
wie ich im Alltag meistens mich verfahre
in ego-verzerrter Welt-Verehrung.

Ich lasse mir die Alltags-Trance durchbrechen.
Noch kleb` ich treu am Nichtig-Wichtigen.
Ich lass` mich der Verfehlung bezichtigen.
Den Star verfehlter Sicht lass` ich mir stechen.

Im Innehalten und auch im Gewahren
vollzieht sich Wandlung und ich komme an.
Ein Ungenanntes schützt vor den Gefahren,
mich neu zu betten in meinem Ego-Bann.

Ich komme an im tieferen Gewahren,
in jener angebotenen Präsenz
der inn`ren immanenten Transzendenz.
Sie schenkt sich mir, sie will mich ganz durchgaren,
bis ich durchlichtet bin und transparent
für Transluzenz mich lebe als Präsent.

Sichtensiegel

Bis Dir bricht Dein Sichten-Siegel

Schau` doch einmal in den Spiegel
im gewollten: „Weder - Noch".
Lass` es sein, das Bilderjoch,
bis Dir bricht Dein Sichten-Siegel,

Dir ein seltenes Gesicht leucht-
kraftstark entgegen strahlt
und, was vorherrscht, übermalt
und entpflichtet Schicht um Schicht.

Was Du schaust, das ist Dein WESEN
ohne   Selbst - Verbesserung,
ohne   Welt - Verwässerung,
am geliebten Welten - Tresen.

Sichtenverschlammer

**Berauschendes
Gejam-
mer**

Erika
Ojee-Minee
und Erich Ojee-Ojee
sind als inneres Ehepaar
stets für das Gejammer dar.
Als die Sichtenverschlammer
zelebrieren sie das Gejammer
und verschmieren Dir die Sicht,
wenn Du selbst Dich ihnen nicht,
wird es Dir bewusst, entziehst,
und dann aus der Urdistanz
sie als diejenigen ansiehst,
die Dich in den falschen Tanz
locken wollen, in das Spiel
mit dem Kraft zehrenden Ziel
selbstberauschenden Gejammers.

Sichtverzicht

Aufrichtender Sichtverzicht

Du
sollst nur
jene Sichten
von Welt
und
Mensch und Leben,
in Deinem Hirn belichten,
die Dir auch Grund und Hilfe geben,
Dich menschlich weiter aufzurichten.
Auf alle anderen Sichtweisen kannst
Du auf Deinen Lebensreisen
menschlich ganz getrost
verzichten.

Sichtweiden

Sichtweide

Meine Sichtweisen
sind meine
Sicht-
weiden,
auf
denen ich
meine Sicht weide.

Sinnverweigerer

Sich-Selbst-Verwürglichender-Sinn-Verweigerer

Wieviele Schläge musst Du noch erleiden,
um endlich zu verstehen, dass Du Dich irrst?
Wie oft willst Du Dich noch vor Dir verkleiden,
um nicht zu sehen, wie Du Dich selbst verwirrst?

Wie lange willst Du es denn noch vermeiden,
die Irrlichter zu schauen, die Du umschwirrst?
Wie häufig willst Du Dich noch selbst beschneiden,
damit Dir die Verblendung nicht zerbirst?

Du bist genial darin, Dir selbst nur zu genügen,
indem Du Dich verzweifelt selber suchst.
Was Du auf diesem Wege Dir verbuchst,
das hilft Dir nur, Dich weiter zu betrügen.

Lass ab von aller Selbstverwürglichung!
Verwürgtes Selbst lässt Dich nicht freier leben!
Es sucht Dich nur noch tiefer zu verkleben
in selbstvertonter Sinnverweigerung.

Sorgenentsorgung

Sorgenentsorgung

In
dem Sarg
geliebter Sorgen
wähnst Du Dich geborgen.

Doch vielleicht schon
morgen kreuzt
ES Deine
Bahn.

Und
will Dich
entsorgen aus dem
Sorgen-Wahn, aus dem
Sorgen-Sog, aus dem
SELBST-Betrug.

Sorgensoggezeiten

**Mein
L e b e n
selbst begleiten**

Ihr Sorgen-Sog-Gezeiten!
Ihr wolltet mich dazu verleiten,
ich sollt` in Euren Todesbreiten
mein Leben und mich selbst bestreiten.

Könnt` zwar mit Euren totgeweihten,
stets zwingenden Notwendigkeiten
mich immer wieder aufbereiten.
Doch werde ich mich darin weiten
und Eurem Sorgensog entgleiten.

Euch Sorgen-Sog-Gezeiten
entsage ich, trotz meiner Pleiten
und meiner Unzulänglichkeiten!
Ich will mein Leben selbst begleiten!

Sorgien

Du bist so emsig damit beschäftigt, Dein Haus zu evakuieren, dass Du vor lauter Gesorge gar nicht im Keller nachschaust ob es dort wirklich brennt.

Lasse Los

Spur-ART

Eigene Spur-ART

Was treibt Dich an, aus Deiner Sicht,
Dich selbst zu überschreiten,
dem egotrunkenen Leichtgewicht
im Jetztseits zu entgleiten?

Willst Du auf Deinen WEG Dich machen
in Resonanz zum Eigen-LICHT,
heraus aus allem Ego-Rachen?
Was treibt Dich an, aus Deiner Sicht?

Ist es vielleicht die Eigen-SPUR,
die Du-in-DIR gefunden hast,
die Dich umgreift, die Dich erfasst?

Die Dich ermuntert zu dem Schwur,
in Deiner ART präsent zu sein,
und in ihr mit Dir für die Welt
auch ein Präsent zu sein?!

Spurjoch

Spur-Joch

Die Freuden,
die der Alltag bietet,
sind reduziert und kümmerlich,
hast Du Dich endlich eingemietet
in Dein verengtes Trümmer - Ich.

In ihm erscheint Dir Leben nur noch
allein als Ü-ber-le-bens - Kampf.
Halt ein! Gewahre dieses Spur - Joch!
Es pflockt Dich an im Blendungskrampf.

Entlasse Dich aus dieser Enge!
Das Leben ist nicht nur Gefecht!

Es zeigt sich tiefer als Geflecht,
gewahrst Du erst einmal die Klänge,
die Dich in ihrem Tönen fragen:

Willst Du Dich zu versöhnen waagen
mit
allem
L E B E N
im
Leben?

Stillgewacht

Stillgewacht

Still - gewachtes Dankes - Hauchen:
Schweigend durch die Bilder tauchen,
bis die Bilder selbst nun schweigen,
vor Gewahrendem sich neigen,
und in lichter Transparenz
aus den Schweige-
ge-
w-
ellen
steigen.
Jäh trifft Dich
mit Vehemenz die
ALL-EINE UR-PRÄSENZ!

Stuetzen

Stützen

durch Stutzen

muss

stürzen!

Swingagogik

Swingagogik statt Zwingagogik

Wer
das Leben
zwingen will,
wird von ihm
bezwungen!

Niedergerungen
wird man selten achtsam still
und gewahrt, dass Leben sich swingen lässt, doch
nicht bezwingen auch im engagierten Ringen bei
so manchem Gegenstrich.

Swingagogik
wendet
Nöte,
nicht jedoch
die Zwingagogik,
auch wenn sie es anböte
in der eigenen Zwingerlogik,
sich dem Leben aufzuzwingen,
statt in ihm stets mitzuschwingen,
wie es nur die Swingagogik
kennt mir ihr Mitschwinglogik.

(ausführlich entfaltet in "Lasse Los: Und bist Du nicht willig,
so brauch`ich GEDULD! oder: Aus dem MACHERWAHN
auf die Warterbahn" Gedichte und Lieder
BoD Norderstedt 2022)

Tadellob

Tadellob

Graduell
zu hohes Lob
degradiert
tadel-
los!

Thematicker

Der Thematicker

Der Thematiker
tickt in der
Zeit.
Nur
Zeitliches
kann er zum
Thema machen.

Todespartiturenplan

Nach Todes-Partituren-Plan

In uns, da wächst der Wucherwahn
und explodiert im äußeren Zerstören.
Drum hilft es nichts, auf äuß`rer Bahn
uns mit Verbesserungen zu betören.

Denn dem Zerstörungspotential, dem
dienen wir mit den Veränderungen.
Und wir verfeinern nur die Qual
mit raffinierteren Verblendungen.

Erwachen wir aus unsrem Wahn,
gewahren wir die Fratzen der Verendung
in sich zu Tode fressender Verschwendung
nach T o d e s - P a r t i t u r e n - P l a n.

Die Nacht der blinden Macher geht zu Ende!
Doch was erwartet uns an dieser Wende?

Todeswegpartitur

Todes-Weg-Partitur

Wer nach seinem Willen nur
Leben zu gestalten trachtet
und ihm nicht auch lauscht, wer stur
den Zu~sam~men~klang missachtet,
wer die Menschen dirigieren
will nach der eigenen Partitur,
wird sich in die Irre führen
und ab-glei-tet auf die Spur,
die ihn in den Abgrund treiben
wird, wenn er nicht noch einkehrt
ins ge~mein~sa~me Ble~iben,
das den To-des-weg verwehrt,
der zwar vieles rauschhaft wendet,
doch irgendwann im Abwärts endet.

(für Christel, die sich mit 50 Jahren umgebracht hat)

Traufinfarkt

Traufinfarkt

Die Sehnsucht nach dem besseren Leben
darf Dir die Klarsicht nicht verwässern.
Sonst wirst Du Falsches Dir erstreben,
die Lage Dir verschlimmbessern.

Der Volksmund
weiß es,
spricht es aus:
Vom Regen in die Traufe läuft,
wer sich an Sehnsucht nur besäuft
und nicht bestellt sein Regenhaus.

Drum achte sorgsam auf den Regen,
der Dich mit seinen Schauern plagt.
Und halte durch auf Regenwegen!
Sonst trifft Dich noch der Traufinfarkt.

Tolleranzig

Tolleranzig

Wer alles ak-zeptiert,
auch jede Intoleranz,
ist tolleranzig!

Tropfentrotzig

Tropfentrotzig

o
oo

Im
Traum
bin ich ein
Wassertropfen,
der immer schon
im Wasser lebt, und als
ein Tropfen danach strebt,
sich tropfentrotzig einzugrenzen,
die Mitwelt fragend abzuklopfen in
Seiner-Art als Wassertropfen mit allen
Antwort-Konsequenzen. Die Antworten
sind tropfgerecht! Doch fassen sie das
Wasser nicht! Erst wenn das Tropfgerechte
bricht, gewahrt der tropfenfreie Tropfen
sich nun durchlöst im Wassergrund,
befreit und nicht mehr egowund,
sich tropfentrotzig auf-
zupfropfen.

Trottbankrott

Trottbankrott

Ihr Mitein-
ander ist nur noch
ein Nebeneinanderher.
Für sie ist es ihr Ehejoch!
Sie merken`s meist nicht mehr!

Der Alltag trabt in seinem Trott.
Sie trotte(l)n eifrig mit
und halten emsig Schritt
bis zum endgültigen
Bankrott.

Geschockt sind
sie und jäh erwacht!
Das hätten sie ja nie gedacht,
das dies Ereignis einmal eintritt:

Die Ehe war doch ehefitt!

Das ist das Los der Trotzig-Flachen!
Sie werden unsanft stets erwachen!

Überweltigt

Wer die Welt will

Wer die Welt aufhalten will,
wird von ihr überweltigt.
Wer die Welt ausschalten will,
wird von ihr vergewaltigt.
Wer die Welt aushalten will,
wird von ihr gehalten.
Wer die Welt mitgestalten will,
wird von ihr mitgestaltet.

Überfreundlichkeitenbann

Im Überfreundlichkeitenbann

Gestaltverformt durch zu viel Fett
und dazu auch noch furchtbar nett,
so prä-sen-tiert sie ü-ber-zo-gen,
was sie einstmals arg verbogen.

In der Frühe unbeachtet,
ihrer Kindlichkeit entmachtet,
fraß sie an im Lauf der Zeit
leibliche Gewichtigkeit.

Doch weil sie
sich selbst nicht traut,
ihr vor Menschkontakten graut,
die sie nur ertragen kann im
Überfreundlichkeitenbann.

Darin schützt sie sich und wehrt
jeden ab, der sie begehrt.
Und erreicht, was sie nicht will:
Um sie herum wird`s totenstill.

Uhr-Verbundenheit

Uhr-Verbundenheit

Wenn aus
der Ur-Verbundenheit
der Ur-Sprung springt
in meine Zeit,
zerspringt
mir
Uhr-Ge-
bundenheit.

(Für Jean Gebser zum Geburtstag)

Umkehrblick

An Dich

Vor allem suchst Du Dich!
In allem siehst Du Dich und
tanzt den Todes-Sichel-Tanz.
Du willst Dich ewig sichern
und sichelst Dich doch nur.
Halt an! Halt ein! Gewahre:
So wirst Du nicht bestehen!
Dein L E B E N will mit Dir
noch ganz andere Wege gehen.
Schau hin, was will Dich lichten
im Kerker, Deinem Selbstbezug.
Vielleicht wirst Du ihn sichten
im Umkehrblick, den Weg heraus
aus mit-schul-di-gem Selbst-be-trug.
Dann zaudere nicht und lass Dich ziehen
zum Licht umfassender Bezogenheit.
Kehr` Dich nicht wieder um
in würgender Betrogenheit
zu trügerisch betäubter Zeit.

Umkehrblitz

Umkehrblitz und Umkehrblick

Wer schon auf dem Todesweg
schleichender Selbstvernichtung
durch diverse Drogensüchte
sich nicht vor der Zeit umbringt
in dem einmaligen Akt
endgültiger Selbst-
tötung,
hat
viel-
leicht
doch noch
die Chance, dass der
Umkehr-Blitz ihn trifft
und er nun im Umkehrblick
noch einmal sein Leben ändert
in die aufrichtende Richtung,
die ihn jetzt, soweit es möglich,
ausheilt aus der ne-kro-phi-len
Sehnsucht nach dem Nichtlebbaren.

Umkehrertrag

Umkehrertrag

Mein
Weg führt
mich unweigerlich
vom Regen in die Traufe.
Die Möglichkeit, sie steigert sich,
wenn ich ihr weiter nachlaufe.

Es hilft mir nicht, das Bessere nur
zu suchen und die Welt zu fliehen.
So folg` ich der Verwässerungsspur.
Sie wird mich hin zur Traufe ziehen.

Was treibe ich bloß? Ach, wie dumm!
Verschlimmbessern will ich mich nicht.
Drum halte ich jetzt Selbstgericht.
Das Urteil lautet: Kehre um!

Ertrag` geduldig manchen Regen.
Doch schütze Dich vor Feuchtigkeit.
Und schlichte manchen Regenstreit.
Dann wird der Regen Dir zum Segen.

Umkehrglück

Umkehrglück

Ich bin nicht jener, der Euch richtet,
sondern der Euch Eure Sicht
Eures Lebens auflichtet,

damit Ihr im Selbstgericht
Euch irgendwann nicht abrichtet,
Euch vielmehr im Umkehr-Blick

miteinander aufrichtet
und dabei das Umkehrglück
im NUNpräsenten Leben sichtet.

Umkehrkrise

Umkehrkrise

Und wer sich verweigert zu gewahren
und LEBEN im Leben zu erlauschen,
wird beim Versuch, DAS-LEBEN zu erfahren,
ES doch nur übertönen mit Eigenrauschen.

Bis SICH-DAS-LEBEN NUN dagegen wendet
und unerhört SICH SELBST Beachtung schafft,
in dem ES eine Umkehrkrise spendet,
in der ES Das-Nicht-Hören-
Wollen schafft.

Umklärblick

Wahres Glück - Stilles Glück

Ich gebe doch und gebe doch
und kriege nie genug zurück!
So mangelt es mir stets an Glück.
Was ist das für ein Leidensjoch?

Du sagst mir, meine Sicht sei stur,
auf das mir Mangelnde fixiert.
So käme ich nie auf die Spur,
die mich zum wahren Glück hinführt.

Ich müsse für den Umkehrblick
mich öffnen, um nun zu gewahren,
wie sichtverzerrt ich mich verfahren
auf meinem Weg zum Geber-Kick

in meiner Selbst$_{ent}$täuschungskur,
zu geben, nur um zu bekommen,
was ich auf dieser E g o -Tour
für mich so alles vorgenommen.

Allein im Umklärblick präsent sein
und so im Leben ein Präsent sein,
für mich und auch für meine Mitwelt,
schenkt jenes Glück, das still sich hält.

UMWANDLUNG

UMWANDELN

ES
umwandelt
mich schon lange
immer wieder um und um.

Jäh werd` ich nun umgewandelt,
werd` im Jetztseits still ummantelt,
Bin - Von - Ihm erneut umwandet.

ES wird mich in seinem Handeln
weiterhin noch um und um
immer wieder umwandeln.

Unabw**endbar!?**

Unabw**endbar!?**

Sie verrotten und verrosten,
Eure Wohlstands-Wucherei`n!
Viel zu hoch waren ihre Kosten!
Wird die Nachwelt Euch verzeih`n?

Sind die Folgen unabwendbar,
werdet Ihr gestorben sein?
Was wird dann
wohl noch gedeih`n?
Ist das Ende Euch nicht klar?

Höchste Zeit ist`s an~zu~halten,
Euch mit Blendung nicht zu foppen
und den Wahnsinnszug zu stoppen,
der schon bald im Abgrund endet,
wenn Ihr seine Fahrt nicht wendet!

Unheilsgeil?

Unheilsgeil?

Er ist ein Pfaffe und er predigt ja so gern
vom Unheil, das vom Heile-Seines-HERRN
gekreuzigt wird und endgültig zerschlagen,
damit die Christ^{lich}en am Unheil nicht verzagen.

Um solche Predigt zu würzen vor allen,
lässt von der Kanzel einen Tontopf er fallen.
Genießt mit Wolllust den Aufprall in die Scherben
und predigt lüstern von Unheil und Verderben.

Und die vom Schicksal Geschlagenen erstarren!
Noch emsiger spannt er sich vor den Karren.
Auf allen Vieren sucht er Scherben zu zertrümmern.
Das ganze Unheil soll schrecken und bekümmern!

Die Scherben-Show dient nicht dem Einen-Ziel
der Heils~zu~sage. Denn sein Pre-digt-stil
hat längst die Ohren der Hörenden verstopft,
auch wenn er jetzt auf Heil-im-HERRN umtopft.

Auch wenn er jeden Hörer nun beschenkt
mit einem Splitter der Scherben, eingesenkt
in Seidentuch als ein Symbol für Heil.

Es bleibt ein schaler Geschmack von
„u n -
h e i l s g e i l",
der Eindruck von fahler Profilierung,
von Predigtmissbrauch als Selbst-Verzierung.

(GESCHRIEBEN NACH DEM
ERSCHROCKENEN BERICHT EINER
GOTTESDIENSTBESUCHERIN IM HERBST 2001)

Unlustflüchtig

Arbeitssucht als Unlustflucht

*Warum
bist Du so arbeitssüchtig?*

Ganz einfach! Ich bin
unlustflüchtig!

Unmittelbares

Unmittelbares

Unmittelbares
ist unmitteilbar,
ist aller Mittel bar,
sich zu ver-mit-teln,
ist somit nicht besprechbar.

Es spricht sich selber aus
und offenbart sich darin
und bleibt zugleich
Geheimnis.

Ursprüngling

Ursprüngling

Der
Abkömmling
hat in sich stets
den Ursprüngling.
Gelingt ihm
Leben,
öffnet sich
die Raupenhaft
zum Schmetterling.

UR-EIGENE ENTBINDUNG

UR-EIGENE ENTBINDUNG

Hast Du sie
denn schon gefunden,
Deine UR - eigene Spur?
Willst Du sie vielleicht erkunden
auf der weiteren Lebenstour?

Hilfreich ist es für Dein Leben,
das Ur-Eigene zu umrunden.
Denn Du hast sehr viel zu geben,
ist dies erst einmal
entbunden.

Was ich jetzt
schon bei Dir schaue:
Liebevolle Achtsamkeit
für die Menschen, für die Zeit,
stimmt mich froh und ich vertraue:

Dass Du, Dich vertiefend, findest
und Dich in das Weltgefäß,
Deiner eigenen Spur gemäß,
wirkungsvoll entbindest.

Verbesserungsdrill

Selbst-
verbesserung?
Selbstverwässerung!

Ein Mensch, der sich verbessern will,
um so ein besserer Mensch zu werden,
versklavt sich mit Verbesserungsdrill.

Und so verschärft er die Beschwerden,
die er durch Selbstverbesserung
doch endlich überwinden wollt`.

Gewahrt er, wem Respekt er zollt?
Der eigenen Selbstverwässerung!

Verbo_rgen

Verbo_rgen

Hinter
der Fassade
gespielter Offenheit,
gemimter Freundlichkeit,
schützt sie sich vor Allem
im Verschlossenen.
Noch von einst
verbogen,
west
sie im
Verborgenen.

Vergegnungsqual

Vergegnungsqual

Sie treffen sich nur zufällig
und stoßen miteinander an
und prallen aneinander ab
und prahlen aufeinander zu.

Sie stimmen gegeneinander ein,
verstimmen sich diskret,
verstummen ganz beredt,
verabscheuen sich in
freundschaftlich
getarntem Abschied
und lassen voneinander ab
bis zum verwünschten nächsten Mal.
Sie scheiden in Ver-geg-nungs-Qual.

Verkumpelung

Verkumpelung

Er pflegt sie wie noch nie,
die Verkumpelungsstrategie.
Und vor seiner Energie geht
so mancher in die
Knie.
Und wird
Kumpel im Gehumpel
der Verkumpelung, bis er in ihr
schleichend sich verklumpelt
und ernüchtert forthumpelt.

Ver-Magd-et

Ver-Magd-et

Auch

vermarktet

will ich Chefin in meinem

Schaffen bleiben und mich nicht als Magd

im profitgeifernden

Treiben

derer,

die mich

wirkungsvoll

vermarkten, zerreiben.

verPATzT

verPATzT

Bemüht, sich gegenseitig zu ertragen,
sich möglichst aus dem Weg zu gehen,
verweigern sie es meistens, sich zu fragen:
Wohin führt dies Vermeidungsgeschehen?

Und tauchen doch einmal die Fragen auf,
dann werden sie als harmlos ignoriert.

Und weiter geht`s in diesem Lebenslauf,
bis es in ihm urplötzlich detoniert, im
Nu die Blase der Verdrängung platzt
und ihr So-tun-als-ob ganz ungeniert
und ohne Wenn und Aber verpatzt.

Ver$_{sch}$r'oben

Ver$_{sch}$r'oben

Im

Kampfe

der Erpichten hast

Du Dich verhoben,

den Horizont der Werte

Dir kräftig verschoben.

Jetzt bist Du zwar oben,

doch ziemlich verschroben.

Verschwendung

Verschwendung

Was wird sich alles noch entbinden
in der uns unbekannten Zukunft?
Was werden wir denn noch erfinden
im Wettlauf gegen die Vernunft?

Was wird im Ringen wirklich siegen:
die Einsicht oder unser Gier`n?
Ist uns bewusst, was wir verlier`n,
wenn wir uns heute einfach fügen?
Dem Trend, der morgen uns zerstört!

Was nützt uns unser Selbstbetrug,
gespeist durch unseren Selbstbezug.
Zu lange schon sind wir betört,
die Welt nach unserem eigenen Plan
im fortgeschrittenen Wucherwahn
uns auszubeuten in Verblendung
allein für unsere eigene Vollendung in
Verschwendung, Verwendung, Verendung.

Verstummungssteif

Verstummungssteif

Dein Angebot: Erwartungsflitter!
Am Grund des Kelchs:
Enttäuschungsbitter!
Auf Anfrage,
kaum
vorwurfsreif,
Dein Kommentar:
Verstummungssteif!

VERWANDLUNG

VERWANDLUNG

Die Fäulnis eifrig überformt
mit luftdicht abschließender Frische,
anstatt sie umformen zu lassen
zu düngereifem Kompost.

VER**WENDBARKEIT**

VER**WENDBARKEIT**

Wenn Du als Mensch Dich hintergehst
durch Deine Nur - Verwendbarkeit,
wenn Du nicht zu DIR-Selber stehst,
verlierst Du Deine Menschlichkeit.

Und bist schon tot, beziehungstot,
bevor Du sterben wirst und
treibst Dich weiter aus dem Lot.

Ob Du es noch ererben wirst,
was Dich wohl wenden kann
weg vom verbrauchten Leben?

Es ist Dir aufgegeben, Dich
auszulösen aus dem Bann
der eigenen Verwertbarkeit
hin zu gelebter Endlichkeit.

VERWESENS_{ENTLICH}UNG

VERWESENS_{ENTLICH}UNG

Welche Schläge
müssen Dich noch treffen,
bis Du angeschlagen endlich aufhörst,
das gestelzte Leben nachzuäffen
mit dem Du seit jeher Dich betörst.

Welches Unheil
musst Du noch erleiden,
bis Du aufgibst, Dich stets auszurichten,
Dich den jeweils angesagten Freuden
auszusetzen statt Dich aufzurichten.

Welche Knoten
musst Du noch entbinden,
bis Du ausgelöst es nunmehr einlöst,
dem Verstrickenden Dich zu entwinden,
dem, was Dich in Luxushaft ver-west.

Verwunderung

Verwunderung

Die Verwundung gab ihm Zunder!
Er erwachte aus dem Plunder
und entdeckte nun
die Wunder
seines Lebens

Verzichtgewinn

Verzichtgewinn

Darum geht es wirklich nicht:
Wuchernde Begehrlichkeiten
zu bedienen. Ein Verzicht
wird notwendig in den Zeiten,
die sich jetzt schon vorbereiten.

Ein Verzicht auf Wucherungen.
Er beruhigt die blanken Nerven.
Bisher ist uns nicht gelungen,
Ü-ber-le-ben zu entwerfen
und die Lage zu entschärfen.

Doch worum es wirklich geht,
ist, nur darauf zu verzichten,
was Lebendigkeit verdreht,
um das Leben auszurichten,
abzudichten, zu vernichten.

Der Verzicht wird zum Gewinn,
wenn wir Leben auch gewahren.
Im Präsent(-)sein endlich Sinn
neu entdecken und erfahren,
zeitbedingten Wucher-Unsinn,
der nur würgt, uns dann ersparen.

Vorwurfsdank

Beziehungskranker Vorwurfsdank

Ich habe zum Geburtstag stets
ein Buch Dir zugesandt.
Und wenn ich dann, ganz nebenbei,
nach Wochen einmal anfragte,
ob es denn angekommen sei,
entschlüpfte Dir ein Vorwurfsdank:
Ja, selbstverständlich hättest Du
mein Buchgeschenk schon längst erhalten!
Wie könnte ich das bloß bezweifeln!
Es hätte Dir auch gut getan,
soweit Du es bisher gelesen.
Und übrigens: Wenn Du schon fragst!
Natürlich einen Dank dafür!

Wahlgeschwisterschaft

DAS-HOLDE-WOHL

Du warst mir einst ein Wohles-Hohl,
das ohne Wohl sich hohl erwies.
Doch DA geschah das HOLDE-WOHL,
das mich bei Dir seither nicht losließ.

Das Wohle-Hohl war nur die Hülle
für`s Holde-Wohl in seiner Fülle.
Sie sind als Paar nur dann vereint,
wenn Fülle durch die Hülle scheint.

Ich ließ von Dir mich auffrischen,
mein Holdes-Wohl Dir zu enthüllen,
den Wahlgeschwisterkelch zu füllen,
um ihn Dir liebend aufzutischen.

Gern hast Du meinen Trank genossen,
den Deinen aber nicht gereicht.
Das hat mich langfristig verdrossen,
die Liebe zu Dir aufgeweicht,
mein Holdes-Wohl Dir wund geschossen.

Wie stets hast Du es ignoriert!
Das Ende war vorprogrammiert!

Weil Dich das Sonnenlicht bewohnt

Ich wollte Dir doch Sonne sein
und wollt` mit meinem Sonnenschein
Dein Leben Dir ge~schwis~ter~lich
auch mit erwärmen! (Bindestrich!)

Du hast mich nur als Mond gebraucht
in mancher dunklen schweren Nacht.
Ich hab Dich in mein Licht getaucht,
Dir manchen hellen Trost gebracht.

Auch Du solltest mir Sonne sein
und mir mit Deinem Sonnenschein
mein Leben wahlgeschwisterlich
erwärmen! (Zweiter Bindestrich!)

Dem hast Du Dich jedoch enthalten,
denn Du lebst selber nur als Mond.
Dein Licht kannst Du doch nur entfalten,
weil Dich das Sonnenlicht bewohnt!

Verlaufen

*In vielem, was er mir gesagt,
auch in dem sehr um mich Bemühten,
hat er es manchmal angefragt,
was ich versuchte, zu verhüten.*

*Er wollte jene Innigkeit,
die sich in unserer Kur darbot,
auch weiter üben in der Zeit,
in der ich litt mit Not-im-Lot.*

*Ich schätzte seine ACHTsamkeit,
mit der er meine Not umfing.
Doch war ich nicht dazu bereit,
zu sein, so wie er mit mir umging.*

*Er bot mir an, in Fernbeziehung
die Wahlgeschwisterschaft zu proben.
Das aber fand ich viel zu eng
und meinem Leben zu enthoben.*

*Doch trug er es mir weiter an,
umwarb mich sanft mit seinem Maß
als ein ver-ständ-nis-vol-ler Mann,
den irgendwann Enttäuschung anfraß.*

*Er zeigte, wie enttäuscht er war
und warf mir die Enttäuschung vor.
Doch bald schon wurde es ihm klar,
dass die Enttäuschung, die ihn fror,
durch die Erwartungen gezeugt,
die er für die Beziehung hegte
und sich dafür ins Zeug legte.*

*Ich hab`mich ihnen nicht gebeugt,
so sehr er sie für uns auch pflegte.
Er hat sein Werben dann gekappt
und unseren Kontakt verknappt!*

(ausführlich entfaltet in "Lasse Los: Verwundert
oder: Heilsames Misslingen oder: Testlauf in der Kunst
des Scheiterns" Gedichte und Briefe - BoD Norderstedt 2016)

Wahn-Weh

Wahn-Weh

Ich
bin erwacht
mit einem Schmerz,
den ich bisher ganz selten nur
erlitten hab` in offenen Momenten,
in denen ich präsenter war als sonst.
Es ist das Wahnweh, das mich plagt,
das meinen Lebens - Stil beklagt.
Wie finde ich den Wunderarzt,
der mich entwahnt, den
Schmerz verjagt,
indem
er
mir
in meinem
Lebens-Wucher-Wahn
nicht nur die Warnanlage stillt,
damit das Wahnweh nicht mehr brüllt,
sondern mir vielmehr auf den Zahn fühlt
und mich weckt aus aller Wahnverfangen-
heit in meiner mir geschenkten Zeit.
Wie finde ich den wundersamen
Wahnarzt und Entwahner
unser?

Wahrheitsklammern

Wahrheitsklammern

Nichts sollst Du erheben
auf den Thron, von dem aus ES
Dich nun beherrschen
will als Götze.
Klammer` alles ein,
so träumte mir heut` Nacht.
Alles ist nur eingeklammert existent.
Alle Wahrheit ist nur in der Klammer wahr.
Und auch diese Aussagen sind nur
in der Klammer fruchtbar.

Wahrheitspfunde

Wahrheitspfunde

In
sichernden Hirnen
verwahrlosen Wahrheitsfunde
zu
Wahrheits-
pfunden.

Wankelmythisch

Wankelmythisch

Der Christen
Glaube? Mythos-Tour
auf fraglicher Historienspur!

Gebroch`ner Mythos, der geglaubt,
den Mythos nicht zu schau`n erlaubt
als Mythos, als die Götter-Speise,
die nährt auf der Bewusstseinsreise
zur mensch-menschlichen Ur-Gestalt,
wenn sie nicht, fehlgeglaubt, verhallt
im wankel - mythischen Gezeter
als ein Geglaube-Wackelpeter.

Was herrscht,
ist der Geglaube-Mix,
die Religion als Morphium
für stets ersehnte Glaubenskicks
im täglich-trüben Um-und-Um,
im Leben, Lieben, Leiden.

Das Christ - Geglaube?
Mythos - Mix aus
Vater,
Sohn und
heil`gen Knicks!

Wehement

Wehement

Wer
sich vehement
gegen Wehen wehrt,
wird noch vehementer
von ihnen beehrt.

Weissen

Weissen

„Ich
weiß,
worum es geht!"
sagst Du. Doch weiß ich nicht,
wie weit Du weisst,
wie weit Du
schwärzt.
Mir graut vor
Deiner Tönung.

Welltikelness

Welltikelness

In
einer
offenen
Vollgestalt,
da kreuzen
sich,
uns kaum geheuer, die Gegensätze
mit Gewalt im selbstzerstörerischen Feuer.
Doch eine Mitte bindet sie, symbolisch
ausgedrückt,
im Plus
und bündelt
ihre Energie im
well-tikelnden
Plus-Fluss.

Widerfahrnisriffe

E I NᵥₑᵣL E I Bₜ?

Abgegriffene Begriffe,
die Dich vorbewusst ergreifen,
Dir die Wi-der-fahr-nis-rif-fe
sprachgeformt zurecht schleifen,
noch bevor Du Zeit zum Staunen
und auch zum Erschrecken hast,
noch bevor Du dunklem Raunen
lauscht in der geschenkten Rast,
von der Alltagstrance verwehrt
durch beschleunigende Hast,
die sich zunehmend vermehrt
und Dich blindlings weiter treibt,
Ab-ge-grif-fe-nes ab-zu-greifen,
ab-zu-stumpfen statt zu reifen,
wenn es Dich ganz einverleibt,
falls Du nicht noch dabei
fällst und verwunde^{r}t
innehältst,

Dich Erstaunen
und Erschrecken aus dem
Eingeschliffenen wecken in
die weitende Bewusstheit,
quer zur abgelebten
Zeit.

Windauswringer?

Den Wind auswringen?
oder:
Windiges Unterfangen

Wie soll das denkerisch gelingen,
den GEIST auf den Begriff zu bringen.
Es ist doch ebenso vergeblich,
wie einen Wind auszuwringen!

Wirkedrill

Es blieb ihr viel erspart!

Sie merkt nur, wie sie wirken will,
nicht aber wie sie wirklich wirkt.
Und merkt nur, was sie merken will,
doch nicht, was sie tatsächlich würgt.

Ihr Mann jedoch, der sanfte Bill
erspürt, wofür sie sich verbürgt
wenn sie sich vor
SICH-SELBST verbirgt
in dem bemühten Wirkedrill.

Was kann er tun, dass sie gewahrt,
wie sehr sie sich doch selbst verwürgt,
indem sie sich ihr SELBST verwirkt.
Es blieb ihr dann soviel erspart!

Wohlstandwucherwahn

Am Wohlstands-Wucher-Wahn erkrankt

Ach, so viele Ne-kro-fi-le,
wohlstandswucherwahnerkrankt
in der Haft der Ego - Spiele,
haben menschlich abgedankt.

Und sie vegetieren nur noch
geistig - seelisch ausgebrannt
unter`m konsumptiven Spur-Joch,
ab-ge-wrackt und trieb-ge-bannt.

Wundert`s Euch, dass ihre Kinder
in der Orientierungszeit
noch mehr wollen,
noch geschwinder
sich verdingen jenem Leid,
das die Eltern angerichtet,
weil dem **W**ohlstands-**W**ucher-**W**ahn
sie sich gnadenlos verpflichtet.

Wortbewirtung

Worteschwert

Worte-Schwert

In Worten kann ich Klang erleben, mit ihnen auch manch` Rhythmus weben. Mit Worten kann ich Bilder malen, durch die mir Einsichten erstrahlen.

Die Worte helfen mir beim Denken. Mit ihnen kann ich manches lenken. In Worten lässt sich trefflich blenden, zu eigenem Vorteil manches wenden.

Mit Worten kann ich Stille preisen, aus der die Ur-Worte sich speisen. Und aus dem urgetanzten Schweigen kann Wort-Gewaltiges entsteigen!

Wortspülerei

Wortspülerei

Den Flegel trotzdem pflegen,
bis
seine
Flegelei
sich legt im
Pflegeleichten.

Worumschlüssel

Der Worum-Schlüssel

Ach, es ergreift mich ein Entsetzen,
denk` ich an jenen Marterpfahl,
der Dir im Fleische hockt, Dir Qual
erzeugt im wuchernden Verletzen.

Warum nur traf es gerade Dich
mit dieser fürchterlichen Pein?
Auf Deine Frage:"**Warum ich?**"
stellt sich Dir keine Antwort ein!

Soll sich Dir eine Antwort zeigen,
die Dich aus der Verzweiflung treibt,
dann schwing` Dich ein in jenen Reigen
um (D)eine Mitte, die Dir bleibt.

„Ach, worum geht es eigentlich?"
im Auf und Ab der Not und Pein.

Die Frage: **"Worum kreise ich?"**
sie könnte Dir der Schlüssel sein
zu einer hei~len~de~ren Sicht
auf JENES, was jetzt transparent
durch Dich erscheint: Ur-Eigen(t)lich(t),
das stärker wird, wenn Leiden brennt.

In ihm wirst Du noch mehr präsent
und wirst für and`re zum Präsent,
die droh`n, im Leide zu vergeh`n,
weil sie noch nicht im Lichte steh`n,
das sie allein im Leiden trägt,
wenn es ihr Leben niederschlägt.

Würglichkeit

Würglichkeit

Im Griff meines Griffes:
Würge-Griff
Selbstmord auf Raten:
Würglichkeit.

Zahnwehgebrumm

Zeitvertrieb

Zeitvertrieb

Zeitvertrieb
mit Raumverschluss.
Fleißverschleiß und Überfluss.
Raumverschleiß im Zeitverschluss.
Zeitgerecht und Guss-in-Guss.
Seitenweise Überdruss.

Zirkelweisheit

Zirkelweisheit

Dem Zirkel
wird die Vollgestalt
des Kreises nur gelingen,
wenn seine Zirkelspitze Halt

gewinnt bei seinem Ringen
inmitten zukünftiger Kreise,
die er vollzieht in Zirkelweise.

Verleugnet er den Ruhehalt der
Mitte, die ihn stützt und birgt,
verliert er sich in Willkür bald.

Das Zirkelkreisen wird verwirkt.
Er taumelt haltlos seine Kür
und schmiert Verkreistes
auf`s Papier.

*(ausführlich
entfaltet in "Lasse Los - Stillende Stille
Gedichte und Wortbilder - BoD Norderstedt 2020)*

Zuwendungsabwehr

Zuwendungs-
abwehr

In
Deiner Art
Dich zuzuwenden
bebt untergründig jene Qual
der einst getroffenen Lebenswahl,
das Kommende bald zu beenden,
in Zuwendung schon abzuwehren,
was in Begegnung sich gebiert,
um allen frühzeitig zu lehren,
dass kein Weg jemals
zu Dir führt.

Zweiteilig

Zweiteilig

Dua-
lis-mus,
folgenhaft:

Zweiteilig
und zeit-
eilig!

Zwo-Drei-Achtel-Welt

**In
der Zwo-
Drei-Achtel-Welt**

In Eurer Zwo-Drei-Achtel-Welt
wird jener nur von Euch beachtet,
der sich ans Zwo-Drei-Achtel hält,
sich Euch - ge-ach-telt - zugesellt,
und mit entfacht, was Ihr entfachtet.

Doch wer sich dem Acht-Achtel stellt,
der wird Euch fremd, gilt als umnachtet,
weil aus der Zwo-Drei-Achtel-Welt
er längst herausragt, Euch verprellt
in dem, wonach Ihr immer trachtet,
wenn Euch das Zwo-drei-Achtel wellt.

Die Zwo-Drei-Achtel-Menschen-Fron

Acht-Achtel-Menschen sind wir alle,
vom WESEN her und immer schon.
Die meisten gehen in die Falle
der Zwo-Drei-Achtel-
Menschen-Fron.

Zwo-Drei-Achtel-Achtung?

Wie soll
ich den denn achten,
der sich als Zwo-Drei-Achtel-Mensch
verlebt, sich menschlich zu entmachten
strebt in seiner SELBST-Verdünnung?

Wie soll
ich den denn achten,
der nur im Zwo-Drei-Achtel webt
und an den kollektiv verkrachten
Wucher-Wahn-Strukturen klebt?

Ich
meinerseits
will danach trachten,
mein Menschsein tiefer auszuloten,
um mich nicht vorschnell auszubooten
in all` den Zwo-Drei-Achtel-Schlachten.

Epilog

Ver**hei**landete Antworten

Waches Fragen, stilles Lauschen
möchte ich mir stets bewahren.
Und ich möchte es nicht tauschen
gegen die vermeintlich klaren
Antworten, die schon gegeben
als Verkleidung für ein Leben
im Beantwortbaren.

Der Versuch der Antwortfindung
endet meist im Glaubenskampf,
in parteiischer Verbindung,
in dem voreiligen Krampf,
Sicherheitsbedürfnissen
in geistigen Zerwürfnissen
Vorrang zu verschaffen.

Ich verweig`re mich dem Glauben
an verheilandete Antwort,
lass` die Fragen mir nicht rauben,
lausch` so lang` in einem fort,
bis ein Lichtendes sich rührt
und mich hin zur Einsicht führt
in gelebtes Leben.

Waches Fragen, stilles Lauschen
möchte ich mir stets bewahren.
Und ich möchte es nicht tauschen
gegen die vermeintlich klaren
Antworten, die schon gegeben
als Verkleidung für ein Leben
im Beantwortbaren.

Bisher in der Reihe Edition LOS erschienen

*(Leseproben bei Google Books und BoD. Einige Hörproben auf meinem YouTube-Kanal „Wisdom for future"
unter dem jeweiligen Titel)*

Band 1: Lasse Los: Im Staunen bin ich frei gesetzt Gedichte, Lieder, Texte,   BoD Norderstedt 2016, 96 Seiten

ISBN: 978-3-7392-2180-9

„Manchmal trifft mich ein Gewahren und ich lausche, staune, schaue!
Und es bricht ein Dank mir an! Und ergießt sich, und ich trinke viel zu hastig,
und es fasst mich ein Gebaren, alles zu ergreifen, zu bewahren.
Schon erlischt mir lichtendes Gewahren! Und ich warte und bereue,
doch ich zehre von dem zarten Augenblick, der trotz meiner Gier mich kürt."

(Hörproben auf YouTube)

Band 2: Lasse Los: Verwunde(r)t - **Heilsames Misslingen** - Testlauf in der Kunst des Scheiterns, Gedichte und Briefe, BoD Norderstedt 2016, 152 Seiten   *ISBN: 978-3-7392-2997-3*

„Verwunde(r)t" beschreibt in Gedichten und Briefen einen Testlauf in der Kunst des Scheiterns: Das heilsame Misslingen einer Beziehung. Als Gedichtband ist es ein dichterisches   Protokoll kurlichtiger Umrundung, kurschattiger Verwund(er)ung, spurwichtiger Erkundung in durchl(i)ebt, durchlittener, neu geschenkter Stundung.

Band 3:   Lasse Los: *R*-AUSGEFLOGEN Ein bunter Abgesang auf (s)einen Kreuzweg in und aus real existierender Kirche! Texte, Gedichte und Briefe - BoD Norderstedt 2016, 132 Seiten

ISBN: 978-3-7392-4493-8

„Als Täter der kritischen Explikation so manch` einer strittigen Implikation war ich Opfer verborgener Inquisition in einer verbogenen Institution."

Wenn einer tönt, er sei ein Christ, dann prüfe ihn, ob er es ist,
und lausche hin, wie er so klingt, wenn er nicht seine Tönung singt!

Band 4: Lasse Los: Seid ihr noch zu retten -   Music-Texti-vals
Texte, Liedtexte und Gedichte, BoD Norderstedt 2016, 132 Seiten
ISBN: 978-3-7392-4290-3   *(Hörproben auf YouTube)*

An die Nachgeborenen

Ihr, die Ihr nachgeboren seid, Ihr werdet es uns kaum verzeihen,
dass wir in Giervergorenheit uns ausgelebt mit Wuchereien.
Dem Kahlfraß-Wohlstands-Wucher-Wahn, dem wir erbarmungslos uns weihten,
verdankt Ihr   Eure Leidensbahn.   Wir lebten noch in fetten Zeiten!
Ihr müsst die mageren Euch teilen, die wir für Euch heraufbeschwor`n,
als wir in Kahl-Fraß-Gier vergor`n. Welch` Schicksal wird Euch wohl ereilen?
Ich wünschte, jene hätten Recht, die glauben, dass die Menschenwelt
im ö-ko-lo-gi-schen Ge-fecht, das Euch den Horizont verstellt, zu retten sei!
Um welchen Preis? Prognosen alarmier`n schon lange!
Hör` ich auf sie, wird mir so bange!
Ich protestier`, auch wenn ich weiß, dass ich nicht viel erreichen kann.
Ich wehr` ihn ab, den Wucherbann und  leb` schon ökologischer.

*(In: Lasse Los ...da muss doch noch LEBEN ins Leben rein! Liederbuch
BoD Norderstedt 2017)*

Band 5: Lasse Los: Den Umkehr-Blick wagen!
Wort-Bilder und Gedichte
Farbige Wort-Bilder, paarweise mit Gedichten „garniert"
BoD Norderstedt 2016, 148 Seiten   ISBN:978-3-7412-2544-4
(Hörproben auf YouTube)

Im schöpferischen Prozess meiner spielerisch vertiefenden Arbeit mit Worten, Sätzen und Reimen entstanden im Laufe der Zeit auch etliche Wort-Bilder, von denen ich hier eine Auswahl präsentiere.
Die Anordnung folgt keiner Systematik, sondern dem Alphabet. Neben jedem Wort-Bild erscheint ein Gedicht oder eine Erläuterung zum weiteren meditativen Innehalten.

Band 6: Lasse Los: … dennoch J A zum Leben sagen! Musik-Text-Collagen
BoD Norderstedt 2016, 100 Seiten   ISBN: 978-3-7412-7074-1
(Hörproben auf YouTube)

In "...dennoch JA zum Leben sagen!" präsentiere ich eigene Musik-Text-Collagen zu bewegenden Schicksalsbüchern. Drei tragische Schicksale von Gesine Wagner, Etty Hillesum und Martin Gray kommen mit ihrem Ringen um ein tragiktragendes Vertrauen und einen Lebenssinn trotz schwerster Schicksalsschläge in Texten und Liedern zur Sprache und zu Gehör.

Band 7: Lasse Los: Der GEIST weh(r)t (sich), wo er will!
Kirchenkritisches
Gedichte, Wortbilder und Texte
BoD Norderstedt 2017, 172 Seiten   ISBN: 978-3-7448-3360-8

In "Der GEIST weh(r)t (sich), wo er will!" präsentiere ich nach 25jähriger kirchlicher
Mitarbeit meine grundsätzliche Kirchen- und Konfessionskritik
in Gedichten, Wort-Bildern und Texten, wie ich sie schon in
"R-AUSGE-FLOGEN" (Band 3) gestartet habe.

DIE KIRCHE STIRBT

STOPP- die KIRCHE stirbt- **STOPP**- und in ihr wirbt- **STOPP**- ein alterndes geglaube um sein gnadenbrot- **STOPP**- hab` mitleid mit der armen- **STOPP**-und misch in das erbarmen- **STOPP**- die zuversicht, wenn altes bricht -**STOPP**- erhebt sich bald schon wieder neu - **STOPP**:
L E B E N D I G E S !

Lasse Los

Band 8: Lasse Los:
Präsentosophia – präsent sein – ein Präsent sein
Wort-Bilder - Texte - Gedichte - BoD Norderstedt 2021, 151 Seiten
ISBN: 978-3-7543-5664-7

"Auf meiner Suchwanderung zu dem, worum es im Leben eigentlich geht, habe ich viele Wege ausprobiert. Manche entlarvten sich als Sackgassen, andere erwiesen sich als Irrwege, und einige wenige entpuppten sich als Hinwege. Eine existentialistische Wende in der Jugend, neomarxistisch getönt, eine spirituelle im jungen Erwachsenenalter wurden nach langjährigem intensiven Ringen in einer Nullpunkt-Widerfahrnis gekrönt durch die **Präsentische Wende.** *In einer jähen intuitiven Gewahrens-Offenbarung eröffnete sich mir die* **Präsentosophia** *mit ihrem Kernmantra* **„präsent sein – ein Präsent sein"** *in Kurzformel:* **Präsent(-)sein.** *Damit hatte ich endlich gefunden, wonach ich immer gesucht habe: Die Transformation von Existentialität, Sozialität und Spiritualität in die* **Präsentalität.** *In diesem Band lege ich darüber in Gedichten, Texten und Wort-Bildern Rechenschaft ab."*

Band 9: Lasse Los: Jetztseits leben   Gedichte und Texte
BoD Norderstedt 2020, 112 Seiten   ISBN: 978-3-7448-3360-8

„Jetztseits" ist ein Wort, dass die Schriftstellerin Luise Rinser in einem Brief an den Theologen Karl Rahner kreiert hat. „Ganz entspannt im Hier-und-Jetzt" hieß es seit den 70er Jahren bei Osho, dem indischen Guru, und seiner Bewegung. Das hat die Werbung heute geschickt aufgegriffen, um mögliche Konsumenten für ihre umworbenen Produkte zu gewinnen. Mit „Jetztseits leben" ist aber viel mehr gemeint: Ein gutes sinnvolles gelingende Leben aus der Kraft der GEGENWART!   Es ist das Thema aller meiner Bücher, jeweils mit unterschiedlichen Schwerpunkten und verschiedenen Titeln. In diesem Gedichtband entfalte ich es im Dreierschritt: Jetztseits im Erleben - Jetztseits im Leben - Jetztseits im Leiden."

Band 10: Lasse Los ...da muss doch noch LEBEN ins Leben rein! Liederbuch
71 Lieder mit Noten und Akkordsymbolen aus drei Jahrzehnten BoD Norderstedt 2017, 154 Seiten   ISBN: 978-3-7460-2901-6
(*Hörproben auf YouTube*)

„In meiner langjährigen soziokulturellen Arbeit mit Jugendlichen und Erwachsenen war meine Musikarbeit ein bedeutsamer Schwerpunkt.   (Siehe Übersicht in "Lasse Los: R-Ausgeflogen")   Neben Music-Textivals mit tiefenökologischen und spirituellen Gleichnissen (Siehe "Lasse Los: Seid Ihr noch zu retten?")   schrieb und komponierte ich Musik-Text-Collagen zu bewegenden Schicksalsbüchern (Siehe "Lasse Los: ...dennoch JA zum Leben sagen!") die ich mit den Bands PAXOPHON und VETOREX und dem Gesangsensemble SALVATON einstudierte. In verschiedenen Kirchen, in Gemeindehäusern, in Kulturzentren, bei Eine-Welt-Tagen, auf Rügenfreizeit-Tourneen und während der Deutschen Evangelischen Kirchentage brachte ich sie mit Erfolg zur Aufführung. Daneben schrieb und komponierte ich weitere Lieder zu Überlebensfragen und Fragen über das Leben. Die mir noch wichtigen präsentiere ich hier mit den Liedern aus den Music-Textvals und den Musik-Text-Collagen."

Band 11: Lasse Los: UMKEHREN oder UMKOMMEN?
Gedichte und Lieder zur ökologischen Weltlage
BoD Norderstedt 2020,132 Seiten   ISBN: 978-3-7504-3293-2

*„UMKEHREN oder UMKOMMEN?
Entsorgt den Wohlstandswucherwahn! Es kostest sonst die Welt!" umkreist mit Gedichten und Liedern die aktuelle weltweite ökologische Krisenlage und einen Wandlungsweg aus ihr in einem Dreierschritt:
A. Was der Fall ist - Fallstricke gefallen
B. Was der Fall sein könnte - Fallstricke fallen
C. Auf alle Fälle ein neuer Fall - Das LEBEN im Leben"*

Band 12: Lasse Los: Worum geht es eigentlich?
Gleichnisgedichte, farbige Wort-Bilder und Gedichte
BoD Norderstedt 2020,144 Seiten   ISBN: 978-3-7504-1384-9

„Im Ringen um ein gutes gelingendes Leben drängte sich mir immer wieder die Frage auf: >>Worum geht es eigentlich?<< Als Antworten beglückten mich oft gleichnishafte Einfälle, die ich manchmal reimend verdichtete. Diese Gleichnis-gedichte künden von einem LEBEN im Leben, das es zu verstehen und ins eigene Leben umzusetzen gilt. Darin übe ich mich nun schon seit Jahrzehnten. Dabei klaren mich auch meine gefundenen Gleichnisse auf."

Band 13: Lasse Los: Aufgang im Untergang
LEBEN im Leben, im Sterben, im TOD? UND NUN?
Gedichte, Wort-Bilder, Texte
BoD Norderstedt 2020, 144 Seiten   ISBN: 978-3-7494-9652-5

„Nach deutender Beurteilung empirischer Befunde tendiert man heutzutage mehrheitlich zur Auffassung, der Tod sei stets ein Untergang und nicht vielmehr ein Aufgang ins „jenseitige Leben". Nach nüchterner Prüfung empirischer Befunde tendiere ich zur Auffassung, der Tod sei nicht ein Untergang, er sei vielmehr ein Auf-Gang ins pure LEBEN, das manches Mal das Leben durchlichtet. Mit Gedichten, Wort-Bildern und Texten umkreise ich dieses gewaltige Thema."

Band 14: Lasse Los: Stillende Stille   -   Still werden - In Stille sein - Gestillt sein - Stillend sein   - Gedichte und farbige Wortbilder
 BoD Norderstedt 2020, 112 Seiten   ISBN: 978-3-7519-0276-2

„In diesem Gedichtband geht es um die heilende Kraft der Stille im Rhythmus des Viertakters: Still werden - In Stille sein - Gestillt sein - Stillend sein. Die ersten drei Takte führen tief hinein in die Stille. Im vierten Takt öffnet sich der in Stille Gestillte der Mitwelt und ihren vielfältigen Herausforderungen mit stillenden Lösungen."

Band 15: Lasse Los: Nichts als Worte! ???
Wort-Bild-Galerie - schwarz-weiße und farbige Wort-Bilder
BoD Norderstedt 2020, 132 Seiten   ISBN: 978-3-7504-9798-6

„In diesem Band präsentiere ich ausschließlich Wort-Bilder als Wort-Bild-Galerie. Sie dienen einem meditativen Innehalten, in dem sie ihre Botschaft tiefer entfalten können. Jedes Wort-Bild steht auf je einer Doppelseite für sich und kann so noch mehr zum meditativen Gewahren und Wirkenlassen beitragen."

Band 16: Lasse Los: Kurz und wendig
Aphorismen und Kurzgedichte - BoD Norderstedt 2020, 152 Seiten
                               ISBN: 978-3-7519-4908-8
„In >kurz und wendig< biete ich Aphorismen und Kurzgedichte an, die sich mir in den Jahren meiner dichterischen Arbeit „nahelegten". Ich habe sie nicht thematisch sondern alphabetisch angeordnet. So lassen sich gesuchte Stichworte schneller finden. Die alphabetisch bedingten thematischen Sprünge im Ablauf der Texte können als Nebeneffekt ein kurz-und-wendiges kreatives Nachdenken und ein meditatives Innehalten auslösen. Das gibt dem Ganzen noch eine zusätzliche Würze."

Band 17: Lasse Los: EIS-Zeit – EYES-Zeit – eYES-Zeit
Gedichte und Lieder - BoD Norderstedt 2020, 124 Seiten
ISBN: 978-3-7519-4908-8   **(Hörproben auf YouTube)**
„Im Rahmen meiner Jugendkulturarbeit organisierte ich mit Jugendlichen und jungen Erwachsenen der Projektgruppe KuMuLi (Forum für Kunst, Musik und Literatur) zweimal jährlich Jugendkulturtage, jeweils unter einem kreativen Motto. Es fanden neben anderen interaktiven Angeboten Kunstausstellungen jugendlicher KünstlerINNEN, Musikdarbietungen jugendlicher Bands und Lesungen jugendlicher SchriftstellerINNEN und DicherINNEN statt.
Bei den Jugendkulturtagen im Oktober 1999 unter dem ausgefallenen Motto „EYES-Zeit" bot auch ich eine Lesung meiner Gedichte, Aphorismen und Lieder zur Thematik als >A B C der EYES-Zeit< mit dem Titel: >EIS-Zeit - EYES-Zeit – eYES-Zeit< an. Da sie eine zeitlose ist, präsentiere ich in diesem Band eine überarbeitete und leicht erweiterte Fassung."

Band 18: Lasse Los: Oh Jesses! Dieser Jesus! Annäherungen
Gedichte, Texte, Wortbilder
BoD Norderstedt 2021, 144 Seiten   ISBN: 978-3-7526-8488-9

„In diesem Band präsentiere ich in Gedichten, Wort-Bildern, eigenen Texten und ausgewählten Zitaten einen bunten Strauß der Ergebnisse meiner fast 50jährigen Annäherung an die Jesus-Gestalt und ihre gewandelten Auswirkungen auf mein Denken und Erleben.   Dabei greife ich auch auf einige Texte und Gedichte aus meinen früheren thematisch verwandten Büchern zurück: „R-Ausgeflogen" und „Der GEIST weh(r)t (sich), wo er will!" Die Gedichte, Texte und Zitate sind unter den jeweiligen Schwerpunkten alphabetisch oder auch bunt angeordnet. Die dadurch bedingten thematischen Sprünge können beim Mit-und-Nachdenken ein meditatives Innehalten auslösen. Das gibt dem Ganzen seine eigene Würze."

Band 19: Lasse Los: Kreuz-Plus-Symbol-Imagination
Text-Bild-Collage, BoD Norderstedt 2021, 168 Seiten
                                                ISBN: 978-3-7534-8249-1

„Das älteste der Symbole der Menschheit, das in allen Kulturen und Religionen aufscheint und das in wechselnder Dichte und Gestaltung als die Grundaussage erfahren wurde und noch erfahren wird, ist das Kreuz." (Alfons ROSENBERG, Symbolforscher)
Die Imagination des Kreuzsymbols als Ur-Symbol der Ganzheit und des Menschen eröffnet Wege zum ganzen Menschen in wahrer SELBST-Entfaltung. Mit der Entdeckung des Kreuzsymbols als Ur-Symbol entfaltete ich sowohl in fortlaufenden Gruppen als auch in mehrtägigen Seminaren eine fruchtbare Imaginationsarbeit, die hier dargestellt wird.

Band 20: Lasse Los: Es menschelt! Aber Hallo!
Lars-Locker-Gedichte - BoD Norderstedt 2021,124 Seiten
                                                ISBN: 978-3-7543-4936-6

"Nachdem ich mich in den vorhergehenden neunzehn Bänden ernsthaft und ausgiebig mit unterschiedlichsten Lebensfragen befasst habe, breite ich in diesem Band humorvolle bis schlüpfrige Texte aus, die sich beim Erdichten kopf- und herzbetonter Kreationen als Unterleibszentrierte meines Schattenbruders Lars Locker dazwischen geschlichen haben. Hier finden sie ihren angemessenen Ort als Lars-Locker-Gedichte. Die Anordnung ist nicht thematisch sondern alphabetisch orientiert."

Band 21: Lasse Los: ERLAUsCHTES
Gedichte, Lieder, Wortbilder - BoD Norderstedt 2022, 116 Seiten
                                ISBN: 978-3-7557-1040-0
"Wer Gedichte schreibt, Liedtexte entwirft und Wortbilder komponiert, macht die Erfahrung, dass die Entfaltung einer zündenden Idee als Gedicht, Liedtext oder Wortbild häufiger stockt und zum Innehalten und Lauschen auffordert. Und wer nicht krampfhaft versucht, weiter zu konstruieren, sondern sich Zeit lässt zum Gewahren, wird häufig überraschend mit ERLAUsCHTEM beschenkt. Früher sprach man bei diesem Widerfahrnis vom Musenkuss. So ist es mir beim Dichten, Schreiben und Entwerfen auch oft ergangen. In diesem Gedichtband präsentiere ich eine Auswahl des Erlauschten in alphabetischer Reihenfolge. In all` meinen anderen Gedichtbänden findet sich ebenfalls Erlauschtes."

Band 22: Lasse Los: ICH BIN DAnk!
Gedichte, Texte, Wortbilder - 124 Seiten - BoD Norderstedt 2022
ISBN: 978-3-7562-0225-6

In "ICH BIN DAnk" umkreise ich mit Gedichten, Texten und Wortbildern in unterschiedlichen Facetten das Zugleich von DA-sein, präsent sein und Achtsamkeit mit der Dankbarkeit.
Schon in meinen Werk "Band 8: Lasse Los: Präsentosophia - präsent sein - ein Präsent sein" klang dieser Zusammenhang in vielfältiger Weise an. In meinen Seminaren zu diesem Thema haben sich manche TeilnehmerINNEN den Titel "ICH BIN DAnk" als Logo auf ihre T-Shirts gemalt und damit manches interessante Gespräch ausgelöst.

Band 23: Lasse Los: Und bist Du nicht willig, so brauch` ich GEDULD! o d e r Aus dem MACHERWAHN auf die Warterbahn
Gedichte und Lieder - 120 Seiten - BoD Norderstedt 2022
ISBN: 978-3-7568-3729-8
Wir leben in einer vom Untergang bedrohten Zeit. Damit uns der Übergang in eine bewahrende,nachhaltige Zukunft gelingt, benötigen wir eine transformative Umkehr in Weltanschauung, Menschenbild und Lebensstil. Die Machermentalität beherrscht die moderne Zivilisation - eher Zuvielisation - und zersetzt mit ihrer Herrschaftsgier, ihrer Mehr-Noch-Mehr-Sucht, ihrer Beschleunigungsideologie und ihrem Macherwahn unsere not-wendigen Lebensgrundlagen. Ein Ausweg bietet sich in der Wartermentalität an, im Sinne eines Zugleich von: Die Dinge warten und abwarten, wie sie sich heilsam entwickeln. In meinen bisherigen Werken habe ich sie in etlichen unter verschiedenen Perspektiven umkreist. Hier nun entfalte ich sie facettenreich in Gedichten und Liedern als Warterbahn in Abgrenzung zum Macherwahn. Zum meditativen Innehalten und Wirkenlassen war es sinnvoll, die Texte nicht systematisch sondern alphabetisch anzuordnen, wie es sich in manchen meiner anderen Werke bewährt hat.

Band 24: Lasse Los: Es winken noch ganz andere Weiten - o d e r Befreidendes GEWAHRSEIN im alltäglichen Gewahrsam
Gedichte - Wortbilder - Lieder - 148 Seiten - BoD Norderstedt 2022
ISBN: 978-3-7568-0944-8

K**EINFACHES GEWAHREN**

Das Denken hat sich ausgedacht!
Das Offenbaren ebbt ins Ende!
In dieser größten Zeitenwende
erscheint uns in rastloser Nacht
in aller Rettungslosigkeit
das keinfache Gewahren,
das Alles uns aufklaren
kann, wenn wir dazu
bereit uns finden,
Abschied nehmen
vom Bisher, stille
werden Mehr+Mehr, uns
im Jetztseits wiederfinden,
im Gewahren uns entbinden von
überholter Glaubenslehre, uns mit
offeneren Rinden neu wappnen gegen
unsere Kehre ins endgültige Verschwinden.

Lasse Los

Band 25: Lasse Los: Im Gehege einer EHE - Paar-Wahriationen
Gedichte - 118 Seiten - BoD Norderstedt 2023

ISBN: 978-3-7568-8119-2

In meiner langjährigen Beratungsarbeit wurde ich häufig mit Paar-Problemen konfrontiert. Und das waren nicht nur "ein paar" Probleme! Die dichterische Aufarbeitung vielfältiger Problemsituationen und ihrer möglichen Lösungen präsentiere ich in diesem Gedichtband in Auswahl.

Von der beratenden Begleitung misslingender, normal-normierender und zunehmend gelingender Paar-Wahriationen habe ich auch für meine Ehe profitiert, die seit zweiundfünfzig Jahren mit einigen durchgestandenen Krisen gehalten hat.

Auswahl aus meinem YouTube-Kanal
"WISDOM FOR FUTURE"

Music-Textivals, Musik-Text-Collagen, Lieder zur Lage, Hörproben von Gedichtbänden in Auszügen mit QR-Code für Youtube-Upload

„Seid ihr noch zu retten?" ist ein hochaktuelles ökologisches Gleichnis zur Krisenlage unseres schönen blauen Planeten als **„Music-Textival".** Texte im gleichnamigen Buch: Lasse Los: Seid Ihr noch zu retten?" Lieder im Liederbuch: „Lasse Los … da muss doch noch LEBEN ins Leben rein!"

„Umkehr-Kur(s)" ist als **Music-Textival** die Wandlungsgeschichte einer Frau, die nach einer tiefen Krise ihr Leben radikal ändert und nun umweltschonend, nachhaltig und achtsam für ihre Mitwelt weiter lebt und sich aktiv für die Bewahrung der bedrohten Lebensgrundlagen engagiert.

In *„Bevor es zu spät ist! - Lieder zur Lage"* präsentiere ich die wichtigsten **Songs aus den verschiedenen Music-Textivals** in einer sinnvollen Reihenfolge. Die Lieder findet man mit Noten und Akkordsymbolen in meinem Liederbuch „Lasse Los … da muss doch noch LEBEN ins Leben rein!"

"EIS-Zeit - EYES-Zeit - eYES-Zeit." Ausgewählte **Lesung** meiner **Gedichte und Aphorismen mit Musik und Liedern** zur Thematik. Die volle Fassung liegt in meinem Gedichtband mit dem gleichlautenden Titel: "Lasse Los - EIS-Zeit - EYES-Zeit - eYES-Zeit."

 Pfingsten 1983 besucht **Gesine Wagner** aus Detmold mit ihrer Großmutter ihren Onkel Martin Jürges und seine Familie in Frankfurt. Bei einer gemeinsamen Fahrt in den Odenwald wird das Auto von einem **abstürzenden Starfighter**, der bei einer **Flugshow** mitgeflogen ist, getroffen. Alle Insassen verbrennen im Auto - bis auf Gesine, die schwer verletzt überlebt und nach 81 Tagen im Krankenhaus stirbt. Ihre Eltern geben nach ihrem Tod ein Buch über ihr Leben, Leiden und Sterben unter dem Titel: **„Gesine Wagner: Im Feuer ist mein Leben verbrannt"** heraus. Als ich Ende der 80er Jahre das Buch kennenlernte, war ich so davon berührt, dass ich diese musikalische Besinnung schrieb, komponierte, mit der Band und dem Gesangsensemble PAXOPHON einstudierte und vielfach aufgeführte. Die digitalisierte Live-Aufnahme der Premiere von 1990 stelle ich hier zum Anhören und zur Diskussion vor.

 **Musik-Text-Collage: "Martin Gray: Der Schrei nach Leben"** aus "Lasse Los ... dennoch Ja zum Leben sagen". In Texten, Musik und Liedern bietet sie Annäherungen an die Geschichte und die Einsichten von Martin Gray, einem Mann, der die Unmenschlichkeit besiegte, weil er an die Menschlichkeit glaubte.

 **„In allen Farben singen"** - **Music-Textival** ist ein **Spektralfarbengleichnis** mit der Frage nach der EINEN WAHRHEIT und den vielen Wahrheitsbehauptungen. Texte in "Lasse Los: Seid Ihr noch zu retten?" Lieder mit Noten und Akkordsymbolen im Liederbuch: „Lasse Los ... da muss doch noch LEBEN ins Leben rein!"

 **"Als ich das bess`re Leben suchte, ... da träumte mir von GOtt!"** - **Music-Textival** mit einem meiner wichtigsten KERN-Träume, einen "Gottestraum". Geträumt in einer Wandlungskrise vor etwa 40 Jahren, die mein Leben zutiefst beeinflusst und in eine sinnvolle Richtung gelenkt hat.
Ein "GOTTES-Traum" ist ein „Gottes-TRAUM", also ein träumendes Symbolgeschehen in der Tiefenpsyche - nach C. G. JUNG ein Traum aus der SELBST-Sphäre. Er sagt etwas darüber aus, wie die PSYCHE empirisch überprüfbar von Gott in Symbolen spricht, nicht mehr und nicht weniger. Den Text findet man in meinem Band "Lasse Los - Seid Ihr noch zu retten?" neben den Texten anderer Music-Textivals.

"Zurück ins Glück!" oder *"Wege aus dem Glücksinfarkt"* ist ein Gleichnis als **Music-Textival** über verschiedene Wege des menschlichen Glücks-strebens, über seine Irrwege und Sackgassen, die im Glücksinfarkt enden oder seine heilsamen Wege in gelungenes glückliches Leben.

„Befreiter leben!" ist ein hochaktuelles Gleichnis als *„Music-Textival"* zu unserer wuchernden, wachstums-gebannten Lebensweise und der Krisenlage unseres Planeten. Texte in "Lasse Los: Seid Ihr noch zu retten?" Lieder in: „Lasse Los ... da muss doch noch LEBEN ins Leben rein!"

Der Band *"Im Staunen bin ich freigesetzt"* präsentiert Gedichte und Lieder zum Thema "Staunen" in Träumen, im Wachzustand, als Erwachen und in Begegnungen. Diese Version ist **ein Auszug als Hörprobe** aus dem gleichnamigen Band: "Lasse Los: Im Staunen bin ich freigesetzt".

In *"Lasse Los: Den Umkehr-Blick wagen!"* habe ich ein schöpferisches Experiment entfaltet. Es ist ein **Gedichtband mit Wort-Bildern und Gedichten**, aus dem ich hier **Auszüge als Lesung** poste, um die Neugier auf ihn zu wecken.